Henning Leiendorf

AF284752

Chinaböllerkohl

Haarsträubende Anekdoten
aus zwanzig Flegeljahren

Die Webseite zum Buch: *chinaboellerkohl.de*

Henning Leiendorf

Chinaböllerkohl

Haarsträubende Anekdoten
aus zwanzig Flegeljahren

Bibliografische Information der Deutschen Nationalbibliothek:
Die Deutsche Nationalbibliothek verzeichnet diese Publikation in
der Deutschen Nationalbibliografie; detaillierte bibliografische Daten sind im Internet über http://dnb.dnb.de abrufbar.

Herstellung und Verlag: BoD – Books on Demand, Norderstedt

ISBN: 9783751935869

Eins vorweg

Lange habe ich darüber nachgedacht, wie ich wohl all die denkwürdigen Begebenheiten aus meinen frühen Lebensjahren veröffentlichen könnte, ohne mich selbst oder irgendjemanden sonst in Misskredit zu bringen. Letztlich blieb nur die Möglichkeit, alle damaligen Akteure, Institutionen und Orte zu anonymisieren. Vielleicht erkennt sich dennoch der eine oder die andere wieder, entweder tatsächlich oder als Kind der 70er- und 80er-Jahre mit ähnlichen Erinnerungen im kollektiven Gedächtnis?!

Trotz der Pseudonyme – die Geschehnisse haben sich genau so zugetragen, wie ich sie hier erzähle. Wer könnte sich auch so etwas ausdenken? Alles ist wahr, zumindest so weit, wie mich meine Erinnerung nicht trügt.

Diejenigen, die zufällig Kenntnis von der wahren Identität der hier handelnden Personen haben, bitte ich, diese schmunzelnd für sich zu behalten!

Mein junges, wildes Leben:

Streichholzakrobatik

Feuer war toll! Wie wohl die meisten Menschen habe ich eine Menge diffuser Kindheitserinnerungen an Feuer. Besonders an die Momente, in denen man um ein Lagerfeuer versammelt war und sich der gemeinsamen mystischen Mitte ergab, gebannt auf die Flammen starrte, die das Holz auffraßen, sich dabei jeden Augenblick veränderten, Funken versprühten, Licht und Wärme auf das Gesicht und den Körper abstrahlten, den Rauch in den Nachthimmel trieben und duftenden Atem von würzig brennendem Holz verbreiteten. Das waren die Abende, nach denen man wild träumte und des Nachts unbewusst die Wurzeln des Menschseins erspürte. Welches Kind erliegt nicht der Faszination des Feuers? Dieses archaische Element, das Urängste aus den Tiefen des Unterbewusstseins aufsteigen lässt und gleichermaßen eine solche Verzauberung bewirkt, dass sie den Blick des Betrachters unwillkürlich in die Flammen lenkt, alles in der Dunkelheit Liegende ausblendet und seelenspiegelartig mit sich selbst konfrontiert.

Die andere, Furcht einflößende und bedrohliche Seite des Feuers trat immer dann in mein Bewusstsein, wenn etwas unbeabsichtigt in Brand geraten war. Solange man nicht selber betroffen war, überflügelte auch hier die Faszination stets den Schrecken. Mit Streichhölzern konnte ich selber Feuer machen! Eine kleine Schachtel mit Zündhölzern – welch Magie! Was gab es Erhabeneres, als die Macht des Feuers jederzeit willentlich heraufbeschwören zu können? Obwohl mir in früher Kindheit der Besitz von Streichhölzern selbstverständlich nicht erlaubt war, so besaß ich doch meistens welche, die ich an geeigneter Stelle versteckt hielt.

Höllischen Spaß hatte ich dabei, brennende Streichhölzer durch die Gegend zu flippen. Dazu musste man die Streichholzschachtel so in der Hand halten, dass man zugleich mit dem Zeigefinger ein Streichholz senkrecht auf der Reibefläche fixieren konnte. Der Mittelfinger der freien Hand wurde dann am Daumen angespannt und gegen das Streichholz geschnippt. Wenn alles passte – und natürlich habe ich diese Technik im Laufe der Zeit perfektioniert –, dann flog das Streichholz während des in Gang gesetzten Zündvorgangs Rückwärtssalti schlagend durch die Luft und landete irgendwo am Ende einer zuvor grob kalkulierten Flugschneise. Wenn das sich entzündende Hölzchen lange genug unterwegs war, dann war der Zündvorgang beendet und das Streichholz mehr oder weniger verloschen, bevor es irgendwo niederging. Dadurch war die Gefahr, unbeabsichtigt einen Brand auszulösen, etwas minimiert. Mein Training bestand also darin, das Streichholz immer möglichst lange mit Luftakrobatik zu beschäftigen, bevor es zu Boden ging. Geübt habe ich dort, wo es möglichst windstill war – und auch still in Bezug auf mögliche Schimpftiraden meiner Mutter –, unter unserem Balkon zum Beispiel, aber auch in meinem Zimmer. Beim Praktizieren dieser Art der Feuerfertigkeiten in der Wohnung galt es, die Einrichtungsgegenstände, Gardinen und Geschwister möglichst nicht zu treffen. Wobei – das mit den Geschwistern und Spielkameraden konnte auch lustig sein, dann wurde das Streichholzflippen zu einem reaktionsschnellen Ausweichspiel. Etwas fairer und gleichzeitig interessanter wurde die Sache indes, wenn beide Seiten mit Streichhölzern bewaffnet waren und man sich gegenseitig befeuern konnte.

Schlehenfeuer

Selbstredend musste ich als Kind Versuchsreihen zur Brennbarkeit der verschiedenen Materialien durchführen. Papier – war logisch. Das war ebenso leicht verfügbar wie brennbar! Ich probierte alles aus: Zeitungen, Klopapier, Schulhefte, Kataloge, Briefpapier. Wie ich feststellte, gab es einige Unterschiede bei der Entflammbarkeit und Brenndauer. Eine gemeinsame Eigenschaft aber war, dass all das Papier brennend aus meinem geöffneten Zimmerfenster im oberen Stockwerk fliegen konnte. Es brannte zuweilen auch im Inneren des Zimmers, natürlich möglichst kontrolliert, ich wollte ja nicht meine eigene Bude anstecken.

Brennendes Papier im Gully konnte unheilvolle Rauchfahnen erzeugen und, wenn ich Glück hatte, weitere dort verborgene Dinge in Brand setzen. Zu „Zigarettentüten" zusammengerollt konnte Papier, lässig zwischen den Fingern gehalten, zu Asche verglühen. Dann fühlte ich mich beinahe erwachsen, denn „die Großen" rauchten schließlich Zigaretten. Mit Kamillentee in Weckmannpfeifen kam ich dem richtigen Rauchen und damit dem Erwachsensein noch etwas näher. Allerdings waren Geschmack und Genuss mehr als zweifelhaft. Außerdem wurden die dünnen

Gipspfeifen dabei viel zu heiß.

Plastik brennt sehr unterschiedlich, wie ich damals herausfand. Die entkernten Röhrchen alter Filzstifte zum Beispiel brennen mit kleiner zäher Flamme, schmelzen langsam vor sich hin und verflüssigen sich schließlich zu einem eigentümlich riechenden Plastikschleim, der heiß, klebrig und feurig schmorend heruntertropft. Faszinierend!

Klosterfrau Melissengeist brennt hervorragend, was schlicht daran liegt, dass diese Medizin zu 70 Prozent aus Alkohol besteht. In jungen Jahren fand ich damals eine solche Flasche im Arzneischrank im Schlafzimmer meiner Eltern. Natürlich habe ich auch davon getrunken! Hui – im Hals brannte der sogar ohne vorheriges Anzünden!

Und Schlehenfeuer brennt, tatsächlich, im wahrsten Sinne! Diesen Likör allerdings zum regelrechten, sichtbaren Entflammen zu bringen, entpuppte sich als mühsam. Mit lediglich 38 Volumenprozent brannte nämlich nur der oberflächlich verdunstende Alkohol, was enttäuschend dünne, kaum sichtbare bläulich-gelbe Flammen erzeugte.

Schlehen sammelte mein Vater früher in seiner schlesischen Heimat. Das Schlehenfeuer erinnerte ihn daran, und er nahm diesen und andere Erinnerungsanker zum Anlass, uns ab und an von früher und von Schlesien zu erzählen. Damals sammelten sie Schlehen, am besten nach dem ersten Frost, um daraus Marmelade herzustellen und Schnaps anzusetzen.

Die Flasche Schlehenfeuer stand im Wohnzimmerschrank neben einer Handvoll anderer Spirituosen, die meine Eltern geschenkt bekommen hatten. Hochprozentiges und Alkohol im Allgemeinen waren bei uns zu Hause eher verpönt. Für den Eigenbedarf wurde Alkohol in der Regel nicht gekauft. Dies lag teils an der recht streng christlichen Prägung, die den weltlichen Genüssen gegenüber zur Zurückhaltung riet. Zum anderen daran, dass Alkohol den finanziellen und gesundheitlichen Absturz meiner Tante verursacht hatte. Sie wurde immer als mahnendes Beispiel angeführt, wenn es, auch später, in Diskussionen um das Thema Alkohol ging.

Bier gab es nie! In die „Kneipe" ging man aus Prinzip nicht! Das war für die spätere Zeit der Pubertät genau das Richtige, um mich gegen die Moralvorstellungen meiner Eltern abgrenzen zu können, und selbstverständlich auch, um einfach zu provozieren. Ich ging also in die Kneipe, blieb bis spät in die Nacht, rauchte und trank jede Menge Alkohol.

Zu Hause wurde Alkohol, wenn überhaupt, aus gesundheitlichen Gründen geduldet („Einen Schnaps für den Magen"), oder er wurde an Sonn- und Feiertagen zum Essen gereicht. So gab es zum sonntäglichen Mittagessen ab und zu ein Glas „Rheinhessen Spätlese" zu trinken. Nach der Konfirmation durfte ich an dem Zeremoniell immerhin mit einem halben Glas teilhaben.

Das Schlehenfeuer als Geschenk von Papas Bruder war demnach für wirklich besondere Anlässe vorgesehen gewesen. Entsprechend lange stand die Flasche im Schrank, ohne dass der Inhalt nennenswert weniger geworden wäre, allerdings nur bis zu dem Tag, an dem ich in meiner explorativen Kindheitsphase dem Namen des Getränks zu seiner wahrhaften Berechtigung verhalf.

Ich war alleine zu Hause und holte die Flasche aus dem Wohnzimmerschrank. Dazu nahm ich den Metalldeckel einer großen Plätzchendose sowie Streichhölzer und brachte alles nach draußen hinters Haus. Bevor ich den Versuch startete, gönnte ich mir erst einmal eine Kostprobe. Im Gegensatz zum Melissengeist schmeckte Schlehenfeuer gar nicht mal schlecht, weshalb ich ein paar weitere Schlücke aus der Flasche nahm. Danach goss ich von dem süßlichherben Getränk so viel in den großen Deckel, bis der Boden vollständig bedeckt war. Jetzt hielt ich das Streichholz an den Deckelrand. Nach geduldiger Überzeugungsarbeit begann es auf der bräunlichen Flüssigkeit sacht zu brennen. Jedoch ließ der leiseste Luftzug die spärlichen Flammen bedrohlich flackern und fast verlöschen. Nach nur kurzer Zeit war der Feuerspaß vorbei. Hm – vielleicht brauchte es einfach mehr von der Flüssigkeit? Mehr davon würde ja bedeuten: mehr Alkohol, also mehr Flammen, und damit mehr „Schlehenfeuer"! Also goss ich ordentlich nach und zündete die dunkle Brühe ein zweites Mal an. Jetzt brannte es zwar etwas länger, doch leider genauso unspektakulär wie zuvor. Das Etikett der Flasche mit seinen kräftigen Flammen hatte mehr versprochen, als der Likör in Wirklichkeit halten konnte. Ich war enttäuscht. Die zweite Charge war verloschen, doch die in dem Deckel stehende Flüssigkeit war kaum weniger geworden, höchstens etwas dickflüssiger.

Wohin jetzt damit? Hm – ich schaute mich um. Vorsichtig balancierte ich den noch warmen Deckel mit den flüssigen Resten über die Terrasse und goss alles in das nächstgelegene Blumenbeet. Die Flasche wanderte, nun merklich erleichtert, zurück in den Schrank.

Der Wald brennt!

Ach ja - natürlich können Laub, kleine und große Äste, fein säuberlich zu einem Lagerfeuer zusammengestaucht, ganz herrlich brennen. Und die riechen sogar gut dabei! Diese Erkenntnis sammelte ich erstmals im Kindergarten. Dort war der bespielbare Außenbereich zur darunterliegenden Straße hin mit einem niedrigen Jägerzaun begrenzt. Zwischen dem Zaun und der Straße befand sich eine naturbelassene Böschung mit Bäumen und Sträuchern. Diese war praktisch nicht zugänglich und entsprechend verwildert. Das unbekannte Terrain war für mich ein geheimnisumwitterter, verlockendes Niemandsland, das ganz unbedingt erforscht werden musste! Eine fehlende Zaunlatte ermöglichte mir den Zugang in die verbotene Zone. Dort, vor den Augen der „Kindergartentanten" und der anderen Kinder verborgen, kam eines Tages eine auf dem benachbarten Schützenplatz gefundene Schachtel Streichhölzer erstmals zum Einsatz.

Ich wollte Feuer machen. In ausreichenden Mengen leichtes und trockenes Brennmaterial zu finden, erwies sich im Dickicht des Unterholzes zunächst als gar nicht so leicht. Aber schließlich gelang der Triumph: Ein tolles kleines Lagerfeuer im Wäldchen unterhalb des Kindergartens war entfacht! Mit zusammengetragenen Naturmaterialien wurde es fleißig genährt und zu einem ansehnlichen, ordentlich qualmenden Buschfeuer gefüttert, welches sich alsbald anschickte, von ganz alleine weitere Nahrung zu finden.

Der Rauch verriet uns. Andere Kinder hatten ihn bemerkt. Denn der hatte sich durch das Wäldchen, fein verteilt, bis nach oben zum Spielplatz seinen Weg gesucht und einige empfindliche Kindernasen alarmiert. Plötzliche Betriebsamkeit setzte ein. Rufe wie „Feuer!" oder „Der Wald brennt!" waren zu hören. Dann traten auch Erwachsene auf den Plan, guckten, riefen und wurden hektisch. In dieser unübersichtlichen Lage schlichen wir uns (ach so – ich war ja nicht alleine –, für Dummheiten war man aus taktischen

Gründen idealerweise mindestens zu zweit), also wir schlichen uns mehr oder minder ungesehen wieder nach oben und schlossen uns der allgemeinen Betroffenheit über das entstandene Feuer an. Und äußerst glaubhaft konnten wir bestätigen: „Ja, da unten brennt es! Wir haben es mit eigenen Augen gesehen!"

Das Feuer wurde schließlich gelöscht. Uns konnte man nichts nachweisen, sodass wir ungeschoren davonkamen! Vermutlich hat man uns Kinder im Nachgang über die Gefahren des Feuers unterrichtet und an unser aller Gewissen appelliert – aber daran erinnere ich mich nicht mehr. Genützt hätte es ohnehin wenig, denn ohne Feuer wäre das Leben nicht mal halb so spannend und damit undenkbar gewesen. Mein Gefahrenbewusstsein blieb nach dieser Aktion auch mehr oder weniger unbeeindruckt. Und streng genommen mussten die Gefahren ja geradezu heraufbeschworen werden, um einen verantwortungsvollen Umgang mit ihnen einüben zu können, oder etwa nicht? Wie sonst sollte ich gefährliche Situationen zu beherrschen lernen, wenn es keine Übungssituationen gab? Also hielt ich es wie Ronja Räubertochter: „Her mit den Gefahren!" und trainierte weiterhin diverse Feuerkünste.

Feuerengel

Und dies war enorm wichtig! Es gab genügend Beispiele von Menschen, die in der Handhabung des Feuers weniger Übung aufwiesen und entsprechend nachlässig damit umgingen. Manche waren noch nicht einmal in der Lage, eine brennende Kerze vernünftig in der Hand zu halten. So geschehen bei einer Aufführung unserer Kindergottesdienstgruppe während eines Familiengottesdienstes. Dort standen wir – feierlich, etwa zwei Dutzend Kinder in drei Reihen hintereinander, engelsgleich im Altarraum der Kirche mit brennenden Kerzen in den Händen – und brachten voller Inbrunst ein Lied zur Aufführung. Zu unserem flammenden Auftritt gehörte dann aber nicht nur die gesangliche Darbietung, sondern auch das beherzte Löschen eines kindlichen Haarschopfes durch die bloßen Hände einer Betreuerin. Die hell erleuchteten Haare mussten den Gottesdienstbesuchern beinahe so vorgekommen sein, als wäre der Heilige Geist auf das Haupt des Kindes niedergegangen. Etwas

16

Derartiges kann eben nur passieren, wenn man überhaupt keine Ahnung davon hat, dass eine Kerzenflamme, die unachtsam an die unteren Enden langer Mädchenhaare gehalten wird, sich rasend schnell zu leuchtend hellen und hoch aufsteigenden Flammen entwickeln kann.

Benzinbomben

Während also mancher bereits mit der Handhabung von Kerzen überfordert war, so waren mein Freund Leo und ich gerade dabei, mit Flugbenzin und leeren Tintenpatronen Benzinbomben zu bauen.

Leo besaß ein Fesselflugmodell, das mit einem echten Verbrennungsmotor angetrieben wurde. Es war zwar kein ferngesteuertes Flugzeug im eigentlichen Sinne, konnte aber aus eigener Kraft fliegen und wurde ähnlich wie ein Lenkdrachen mit Schnüren gesteuert. Das Flugzeug flog auf einer großen Kreisbahn und konnte dabei mit entsprechenden Impulsen hoch- und runtermanövriert werden, starten und landen. Mit etwas Übung waren sogar Loopings möglich. Das Teil machte ordentlich Krach, der Propeller drehte sich mit enormer Kraft und man wollte seine Finger dort nicht hineinhalten. Wenn der Motor startete, produzierte er reichlich blauweißen Qualm und lärmte dabei wie ein mutiertes Insekt.

Leo war offenbar von seinem Vater in die Handhabung eingewiesen worden. Regelungen, was die weitere Nutzung anbelangte, gab es entweder nicht, oder man hatte ihm mit seinen vielleicht acht Jahren die Verantwortung überlassen. Es klappte ja auch. Leo wusste, wie man Benzin einfüllte, wie der Motor startklar gemacht und angelassen wurde und wie man das Ding flog. Das reichte für ansehnliche Flugmanöver auf der Straßenkreuzung vor seinem Haus, auf der Wiese unterhalb des kleinen Steinbruchs oder auf dem Hof der nahegelegenen Hauptschule.

Das in einem kleinen Blechkanister enthaltene Flugbenzin inspirierte uns irgendwann zu erweiterten Möglichkeiten der feurigen Freizeitgestaltung. Es müsste doch gelingen, das Benzin in leere Tintenpatronen zu füllen, eine Lunte hinein zu stecken und das Ganze wie einen Böller zur Explosion zu bringen. Wie genau und ob es uns überhaupt gelingen würde, wussten wir damals nicht – aber wir würden es schon herausfinden. Da waren wir sicher! Was wir allerdings tatsächlich herausfanden war, dass Benzin in geschlossenen Patronen weitaus weniger gut zum Brennen oder gar zum Explodieren zu bekommen ist als das leichtsinnigerweise in einem offenen Glas aufbewahrte Benzin zum Befüllen der Patronen. Das brannte nämlich – schlagartig, man könnte auch sagen, es explodierte. Die Stichflamme reichte bis an unsere Gesichter heran. Durch diesen Irrtum erkannten wir, dass man Benzin tunlichst nicht aus einem offenen Behälter auf bereits brennende Lunten kippen sollte. Einigermaßen erschrocken, ohne weiteren Benzinvorrat und auch ohne echten Erfolg wurde das Vorhaben „Benzinbomben" dann vorzeitig beendet.

Alarmprobe

Der Spaß am aufsehenerregenden Zündeln blieb mir bis ins junge Erwachsenenalter erhalten. In den Sommerferien war ich Betreuer einer Jugendfreizeit. Nicht Leiter, wohlgemerkt, aber ich war 18 und immerhin mitverantwortlich. Da wir im Bewusstsein unserer Verantwortung auf die Sicherheit der uns anvertrauten Kinder zu achten hatten, beschlossen wir, in dem Freizeitheim eine nächtliche Evakuierungsübung zu machen. Diese sollte der allgemeinen Sicherheit dienen – so hätte zumindest die offizielle Begründung ausfallen können. Inoffiziell gab es einen Anknüpfungspunkt völlig anderer Art, nämlich die gemeinsame Lust am Spektakel. Und als Kind will man in solchen Freizeiten ja auch etwas geboten bekommen und erleben, von dem man zu Hause erzählen kann. Hierzu wollten wir wohl etwas beisteuern.

Jedenfalls stellten wir, als endlich alle schliefen und Ruhe eingekehrt war, im Erdgeschoss des Freizeitheims eine Feuertonne ins Treppenhaus. Diese befüllten wir mit allerlei Zutaten, die brennen und vor allem ordentlich qualmen sollten. Da das gesamte Betreuerteam der Überzeugung war, dass man gemeinsam genügend Erfahrungen in Sachen Feuer vorzuweisen hatte (und mich betreffend war dies absolut der Fall), gelang mit der Vorbereitung und Durchführung der Spagat zwischen maximaler Wirkung und minimaler Gefährdung. Für alle Eventualitäten standen selbstverständlich Feuerlöscher und Wassereimer bereit. Auch waren alle Mitarbeiter eingewiesen, wie die Kinder nach erfolgter

Alarmierung sicher aus dem Gebäude zu leiten wären. Eine der Eingangstüren wurde geöffnet, damit genügend Frischluft ins Treppenhaus nachströmen konnte und so weiter. Und dass (beinahe) alles gut ging, gab uns in der gewissenhaften Planung und Vorbereitung recht.

Und dann kam der Moment. Die Feuertonne brannte, die öligen Lappen darin qualmten, und Feuergeruch verbreitete sich im ganzen Treppenhaus. Um die Szenerie noch echter wirken zu lassen, warf ein Mitarbeiter brennendes Papier aus einem Fenster nach draußen. Entschlossen lösten wir den Hausalarm aus. Alle Mitarbeiter schwärmten aus, um mit lautstarken Anweisungen die Kinder zu wecken und aus den Zimmern zu führen. Anziehen war nicht. Im Schlafanzug und barfuß ging es durch das qualmende Treppenhaus in den „sicheren" Gemeinschaftsraum in einem anderen Gebäude.

Zu unserer Enttäuschung hatten die allermeisten Kinder die Lage richtig erkannt oder zumindest intuitiv erfasst, dass dies unmöglich ein echter Brand sein konnte. Manche hatten sich sogar gefragt, weshalb da jemand mitten in der Nacht brennendes Papier aus dem Fenster warf und warum um alles in der Welt da eine qualmende Tonne im Treppenhaus stand. Die Sache war seitens der Betreuer schnell aufgeklärt. Und nach einem Schokokuss für jeden als Entschädigung waren die Kinder froh, wieder ins Bett gehen zu können. Es hatte keine Panik gegeben und alle schliefen recht schnell wieder ein.

Etwas war allerdings geschehen, womit wir nicht gerechnet hatten. Erst später stellten wir fest, dass trotz des riesigen Lärms, den wir veranstaltet hatten, und obwohl wir durch alle Zimmer gegangen waren und mit Taschenlampen in alle Betten geleuchtet hatten, ein Kind zurückgeblieben war! Es hatte offenbar so tief geschlafen und musste darüber hinaus noch quasi unauffindbar unter seiner Decke versteckt gewesen sein, dass es weder aufgewacht war, noch von jemandem entdeckt wurde. Das war ein Schock für uns feuererprobten Menschen. Im Ernstfall wäre es zu spät gewesen.

Feuertourismus

Wenn irgendwo in der näheren Umgebung etwas brannte, musste ich dabei sein! Das eine oder andere Haus hatte ich brennen sehen. Feuerwehrmänner sind doch Helden für Kinder, besonders für solche wie mich damals, die sich in der Feuerbeherrschung ertüchtigten.

Als im Nachbarort die Produktionshallen eines Automobilzulieferers lichterloh in Flammen standen und eine unfassbar dicke, schwarze Rauchwolke atompilzgleich am Horizont in den Himmel stieg, setzte ich mich sofort auf mein Fahrrad und strampelte zum Ort des Geschehens. Dass zuvor im Radio sowie über Lautsprecher mitgeteilt worden war, man möge Türen und Fenster wegen des giftigen Qualms dringend geschlossen halten, beunruhigte mich nicht weiter.

An der brennenden Fabrik wurde ich mit einem unglaublichen Spektakel belohnt, dem ich lange Zeit mit der morbiden Lust an der Tragödie beiwohnte. Meterhohe Flammen aus dem Gebäude, Explosionen, eine unfassbare Rauchentwicklung, unzählige Löschfahrzeuge, Polizei, Krankenwagen, THW, Blaulicht überall, Absperrungen, Männer mit Atemschutzmasken – das volle Aufgebot. Erst als der Wind drehte und die Straße, von der aus ich das Inferno entspannt beobachtete, in ein dunkles, in der Nase beißendes und in den Augen brennendes Dickicht verwandelte, zog ich es vor, mich rasch zu entfernen.

Oster- und Martinsfeuer zogen mich magisch an, wie auch alle anderen mehr oder weniger öffentlichen Gartenfeuer. Seinerzeit war es offenbar nicht verboten, zumindest aber mehr oder weniger üblich, dass Holzabfälle jederzeit im eigenen Garten verbrannt wurden. Besonders dann, wenn man selber irgendwie „mitgestalten" und Dinge ins Feuer hineinwerfen oder brennende Gegenstände aus dem Feuer herausholen konnte, war ich ganz weit vorne mit dabei.

Nicht selten nutzte ich solche Gelegenheiten, um meine Kenntnisse im Umgang mit dem heißen Element weiterzuentwickeln. Was ich bei einer solchen Gelegenheit zum Beispiel herausfand: Dicke Steine brennen zwar nicht, lassen aber meteoritengleich am Einschlagsort Tausende Funken sprühen. Zugleich treiben die Wurfgeschosse die Flammen schlagartig seitwärts aus. Das sorgt bei den anderen am Feuer stehenden Personen genauso für Aufregung wie die durch den Steinwurf manchmal aus dem Feuer unkontrolliert herauskippenden brennenden Holzteile.

Auch lernte ich, warum auf Batterien die Warnung stand: „Nicht ins Feuer werfen!" Das hatte mich schon lange neugierig gemacht. Schließlich wurden außer der Warnung keine weiteren Hinweise auf mögliche Gefahren gegeben. So blieb das Mysterium bestehen bis zu dem Tag, an dem ich herausfand, dass Batterien, die man heimlich in das Gartenfeuer des Nachbarn wirft, dort wenig später explodieren. Okay, vielleicht ist „explodieren" etwas übertrieben, aber – sie zerplatzen immerhin mit einem ordentlichen Knall. Über andere Wirkungen habe ich damals keine weiteren Untersuchungen anstellen können, weil mein Forscherdrang von den anwesenden Erwachsenen leider nur wenig wertgeschätzt wurde.

Bei einem großen Martinsfeuer auf dem Schützenplatz kam ich der Plausibilität anderer Warnhinweise nach – Spraydosen von Zündquellen fernzuhalten zum Beispiel. Diese Warnung stellte sich als ungemein berechtigt heraus. Und dies galt offenbar umso mehr, je voller eine Spraydose war, was sich damals eindrucksvoll mit der Dose Haarspray meiner Mutter belegen ließ, welche in einem günstigen Moment ihren Weg in die Flammen fand...

Ta-Back-Pfeifen

Das Älterwerden ging mir viel zu langsam. Immer wollte ich älter sein, als ich war. Ich konnte gar nicht schnell genug groß werden. Und all die Jahre der Kindheit kamen mir unendlich lang vor. Ich weiß noch genau, als ich acht Jahre alt wurde und dachte, dass ich ja jetzt kaum älter als sieben wäre und noch ewig weit vom „Großsein" entfernt war. Besonders die Tage vor meinem Geburtstag – ausgerechnet kurz vor Weihnachten – vergingen wie in Superzeitlupe. Geduld war nicht meine Stärke. Ich brauchte und wollte immer alles sofort! Erkennen konnte man das zum Beispiel daran, dass mein Geld immer schon verplant oder ausgegeben war, bevor ich es überhaupt bekommen hatte. Oder Adventskalender – sofern es mal einen mit Schokolade gab und nicht nur einen mit doofen Bildchen –, die waren regelmäßig vor dem Vierundzwanzigsten leer. Manchmal sahen die nicht einmal den zweiten Advent! Ich hasste es, warten zu müssen. Vor allem das Warten auf die Möglichkeiten, die sich einem erst in späteren Jahren erschließen würden, wollte ich nicht akzeptieren. Deshalb wirkte einfach alles, was Erwachsene taten und Kindern verboten war, besonders stark auf mich. Und so kam es, dass ich eines Tages voller Stolz zu Hause berichten konnte, dass ich geraucht hätte. Da war ich sechs. Meine Mutter wollte meinen Stolz nicht teilen, sie fragte nur eilig nach, ob sie richtig gehört hätte, bevor es links und rechts um die Löffel gab.

Ich habe meinen Eltern, besonders meiner Mutter, die mich anfangs mit körperlichen Strafen zu erziehen versuchte, nie einen Vorwurf gemacht, nicht damals und erst recht nicht heute. Ich würde allerdings auch nicht leichtfertig behaupten können, wie dies lange Zeit gesellschaftsfähig war, dass ein paar Schläge noch niemandem geschadet hätten. Vor allen Dingen aber haben sie überhaupt nichts genützt! Als ob ich bereit gewesen wäre, mein Verhalten durch derart plumpe Erziehungsversuche korrigieren zu lassen! Das Gegenteil war der Fall. Und als später einmal ein Kochlöffel, der ganz sicher aus einem berechtigten Grund auf meinem Hintern tanzte, währenddessen zerbrach, fing ich aus lauter Trotz, Genugtuung und innerer Stärke an zu lachen. Ich schrie meiner Mutter rotzfrech ins Gesicht: „Es hat sowieso nicht wehgetan!" Da hatte meine Mutter für alle Zeit verloren. Ich wusste es! Und ich wusste, dass sie es auch wusste. Es war eine perfekte Position, um fortan sämtliche ihrer Bemühungen zur erzieherischen Einflussnahme ignorieren zu können, wann immer ich es für notwendig erachtete. Viele Wortgefechte endeten dann nur noch mit der Drohung: „Warte, bis der Papa nach Hause kommt!" Das aber war mehr als häufig ein hilfloses und nicht einlösbares Versprechen und einer der Gründe dafür, dass mir meine Mutter im Nachhinein leidtat. Ich erlangte Verständnis für ihr Verhalten wie auch für ihre spätere Depression.

Zum einen glaube ich, dass sie mit der damaligen Familiensituation, und insbesondere mit mir, schlicht überfordert war. Schließlich lasteten auf ihr die Bewirtschaftung des Haushaltes – ohne ein Auto oder eine Spülmaschine. Es gab vier Kinder zu erziehen und weitere Angehörige zu pflegen. Ihr Mann, der nach einem langen Arbeitstag als Fliesenleger nur zum Essen nach Hause kam, fuhr eine Stunde später zum privaten „Plattenlegen" wieder weg und kehrte oft erst spätabends zurück, wenn wir Kinder bereits im Bett lagen. Nicht nur, dass dadurch alles, wirklich alles Familiäre in alleiniger Verantwortung meiner Mutter blieb – der Vater fehlte auch als männliches Vorbild und erzieherischer Akteur in der Familie. Ein gelebtes Miteinander gab es nur ab und zu im Urlaub oder an Sonntagen, wobei die Interessen da zumeist weit auseinanderlagen – ich sage nur: „Spazierengehen"! Die Samstage schieden als Familientage aus. Der Vater ging arbeiten und wir Kinder hatten manchmal noch Schule. Nachmittags wurde das Haus geputzt, das Sonntagsessen vorbereitet, das Auto gewaschen, der Bürgersteig gekehrt, und man wurde nacheinander oder miteinander in die Badewanne gesteckt.

Zum anderen war auch meine Mutter ein Kind ihrer Zeit und der ihr zuteilgewordenen Erziehung. Ihre Familie hielt sich seit Generationen, wie es sich für gute Christenmenschen gehörte, an die biblisch begründete Pädagogik, frei nach Sprüche 13, Vers 24: „Wer sein Kind liebt, der züchtigt es." Liebevolle Zuwendung vonseiten ihrer Eltern hat meine Mutter kaum erfahren. Nicht zu vergessen, dass sie als eines von drei Geschwistern inmitten des 2. Weltkrieges aufwuchs. Ihr Vater war als Eisenbahner in den besetzten Ostgebieten bis nach Minsk unterwegs und monatelang nicht zu Hause gewesen. Die Familie mit drei kleinen Kindern erlebte den schrecklichen Bombenkrieg mit Tod und Zerstörung in einer als Bunker dienenden Höhle des Luisenberges. Die Großeltern meiner Mutter hatten sogar beide Weltkriege miterlebt, den ersten ebenfalls in der Kindheit. Diese Zeit war geprägt vom tragischen Verlust einiger Familienmitglieder und großer wirtschaftlicher Not. Meine Großmutter war mit Sicherheit traumatisiert, sie wurde psychisch krank, unternahm Suizidversuche und versuchte einmal sogar, ihr eigenes Kind, meine Mutter, mit einem Messer umzubringen. Die Auswirkungen für das weitere Leben meiner Mutter und deren Geschwister lassen sich in ihrer Bedeutung kaum ermessen.

Damals, als ich dort in der Küche stehend auf Nachfrage meiner Mutter, warum ich so nach Zigarettenrauch riechen würde, selbstbewusst meine neuesten Erfahrungen verkündigte und dafür Backpfeifen kassierte, wusste ich von alledem nichts – und wenn, hätte es mich zu dieser Zeit wohl auch kaum beeindruckt. Die Fähigkeit zum selbstreflektierten Verhalten erlangte ich zum Leidwesen meiner Eltern erst sehr viel später mit zeitlichem und auch räumlichem Abstand von zu Hause.

Das mit den Zigaretten hatte mit meinem Freund Leo zu tun gehabt. Er wohnte fußläufig kaum fünf Minuten von mir entfernt. Wir konnten uns täglich sehen, wenn wir wollten. Wir hatten einiges gemeinsam, etwa die schwierige Beziehung zu unseren Müttern. Während ich allerdings das Glück hatte, in sozial stabilen Verhältnissen aufzuwachsen, waren seine Eltern gerade mehr oder weniger dabei, sich mit lautem Getöse zu trennen. Für die Erziehung waren spätestens dann seine Tante und seine Oma zuständig, zwei herzensgute alte Damen, die zusammen im Haus nebenan wohnten. Leo war häufig auf sich allein gestellt und genoss alle Freiheiten, die ein solches Leben mit sich brachte. Daran wollte ich, sooft es ging, teilhaben, was ihn unter anderem deshalb zu einem bevorzugten Spielpartner machte. Aber wir waren auch echte Freunde und gemeinsam für ziemlich viele der damaligen „Dummheiten" zuständig. Im Nachhinein verglich uns meine Mutter in großmütiger Altersmilde mit Max und Moritz.

Der Tag mit den Zigaretten war der nach einer Hausparty von Leos Eltern. Die Wohnung sah schlimm aus. Überall Flaschen und Gläser mit Resten von alkoholischen Getränken, Krümel und nasse Flecken auf Teppich, Tisch und Sofa. Es roch fremdartig. Feuchte Kartoffelchips lagen in diversen Schalen und Zigarettenkippen in vollen Aschenbechern. Aufgeräumt hatte niemand. Wo Leos Eltern waren, erschloss sich mir nicht. Vielleicht schliefen sie noch? Ich glaubte damals, dass sie gar nicht da waren. Jedenfalls konnten wir sämtliche „Reste" für uns in Beschlag nehmen. Dies war der erste Tag in meinem Leben, an dem ich außer mit Zigaretten auch mit Kartoffelchips in Kontakt kam. Und während mich die Nummer mit den Zigaretten in Bezug auf meine weitere Gesundheit nur mäßig beeinflusste, machten mich die Chips sofort und für den Rest meines Lebens abhängig. Nicht allerdings die ersten, die wir an dem Tag aßen. Leo bestand darauf, dass wir zunächst die verbliebenen aus den Schalen aßen, bevor wir neue aufmachten. Ich denke heute, dass es sicherlich kein Wasser war, das für die feuchte Konsistenz der Kartoffelchips verantwortlich war. Komisch schmeckten sie auf jeden Fall. Die frischen danach umso besser.

Und dann probierten wir die Zigaretten aus. Völlig überrascht und ungläubig hörte ich Leo zu, der mir erklärte, dass
man an den Dingern saugen müsste. Wie konnte das sein?
Für mich hatte es immer so ausgesehen, als bliesen die
Leute dort hinein! Wie sollte denn die Glut zum Glühen gebracht werden, wenn man nicht pustete? So war das mit all
dem Feuer, das ich bislang kannte. Aber nein, Leo war ganz
sicher, dass man daran zu ziehen hätte. Und das übten wir
dann fleißig. Anfangs tat ich mich schwer. Bei den Erwachsenen sah das immer so einfach aus. Aber nach sechs oder
sieben frischen Stängeln aus einer der herumliegenden
Schachteln funktionierte es schon erstaunlich gut. Satt, zufrieden, mit ordentlich Nikotin versorgt und vermutlich
leicht alkoholisiert verließ ich meinen Freund mit neuen Erfahrungen und Eindrücken. Ohne dass uns jemand davon
hätte abhalten können, hatten wir der Welt der Erwachsenen so einiges abgetrotzt.

Mit den Zigaretten wusste ich jetzt zum Glück Bescheid.
Und – klar – wollte ich dieses Wissen zu jeder möglichen Gelegenheit anwenden und das erhabene Gefühl dabei genie-
ßen! Welch ein Riesenglück war es, wenn ich dann einen
frisch weggeworfenen Zigarettenstummel auf der Straße
fand, den ich zu Ende rauchen konnte! Ab und zu versorgte
uns auch Leo mit Zigaretten, die er seinen Eltern stibitzte.
Und mit drei Mark zusammengelegtem Taschengeld konnte
man sich auch welche am Automaten ziehen, wenn sonst
keine in Reichweite waren.

Ich genoss es immer, wenn irgendwer irgendwo rauchte.
Dann stellte ich mich dazu und schnüffelte weg, was ging.
Toll war es, wenn uns der Vater meines anderen besten
Freundes zur Schule fuhr, weil das Wetter mies war oder wir
mal wieder viel zu spät waren. Der rauchte nämlich im Auto,
was ich total gut fand. Vor allem nahm er STUYVESANT-
Zigaretten. Die rochen viel besser als die LORD von Leos
Mutter. Ersatzweise kamen ab und an auch Kaugummiziga-
retten zum Einsatz. Die konnte man nicht rauchen, obwohl
wir es versuchten. Einmal bekam ich – mit vielleicht 13 Jahren – auf einem Stadtfest von einem fliegenden Händler eine
Werbepackung Zigaretten in die Hand gedrückt. Darin waren fünf Stück. Welch ein Schatz! Heute sind diese dubiosen
Werbegeschenke mit dem eindeutigen Zweck des frühen

Abhängigmachens verboten. Damals war ich mehr als beglückt!

Judofürzchen

Die Vorsilvesterzeit habe ich immer genutzt, um an „Knallerei" zu kommen. Wenn im City-Kaufhaus der Verkauf von Feuerwerk begann, trieb ich mich dort oft herum und bestaunte die ausgelegten Waren. Die Raketen weckten dabei weniger mein Interesse. Sie waren zu groß und damit schlecht zu verbergen, zu teuer, und ich konnte nicht so viel damit anfangen. Auch das „Jugendfeuerwerk" interessierte mich nicht. Ich wusste, dass Knallerbsen und kleine Feuerkreisel langweilig waren. Obwohl – bei Martins einziger Silvesterparty habe ich in seinem Kinderzimmer mit einem langweiligen Tischfeuerwerk immerhin den Teppich verkohlt. Danach durfte ich nicht mehr bei ihm spielen.

Die Packungen mit mehreren großen und kleinen Knallern waren die begehrten Waren. Selbstverständlich kam ich als Kind nicht legal in den Besitz von Feuerwerk. Aber irgendwie gelang es mir jedes Jahr, einen ansehnlichen Vorrat zu beschaffen. Meine Eltern unterstützten dieses „heidnische Brauchtum" zur Vertreibung böser Geister nicht. Mir ging es indes einzig um den Geist des Feuers, der in den Knallfröschen, Chinaböllern und Kanonenschlägen verborgen war und entfesselt werden wollte. Auf meine Eltern konnte ich dabei nicht setzen. „Feuerwerk kommt uns nicht ins Haus!" Nicht einmal, dass ich alles von „meinem Geld" bezahlen wollte, half als Argument. Andere hatten dasselbe Problem, wenngleich einige Eltern weniger streng waren. Aber vor allem in jungen Jahren war es durchaus schwierig, an benötigte Mengen heranzukommen.

Vieles lief damals über Leo. Seine Eltern hatten weniger Ressentiments gegenüber weltlichen Vergnügungen und erlaubten einiges, was für mich undenkbar blieb. Leo hatte immer Feuerwerk. Davon bekam ich etwas geschenkt, ich tauschte gegen mein Spielzeug oder kaufte ihm etwas ab.

Ein anderer Weg war, dass man sich in das Kaufhaus begab und wartete, bis man jemanden, den man kannte, in der Warteschlange vor der Kasse sah. Irgendeinen von den Großen kannte man eigentlich immer. „Bringst du mir was mit?", war die richtige Frage. Und meistens gelang das.

Eine dritte Möglichkeit bot sich im Spielwarengeschäft Deibel in Anderstadt. Dort war man nicht ganz so päpstlich, und ab einem bestimmten Alter, und ich meine jetzt nicht 18, und wenn man einen vernünftigen Eindruck machte, bekam man auch, was man wollte. Falls nicht, traf man dort immer erwachsene Kunden, die Verständnis für die Lage von uns Kindern zeigten und vor den Augen der Inhaber den Kauf für uns abwickelten.

Den größten Nutzen hatten wir damals von den „Ladykrachern", die gleichzeitig das begehrteste Produkt waren. Diese Matten mit 40 oder gar 70 verbundenen Miniböllern waren zum einen recht günstig, zum anderen hatten sie den unschätzbaren Vorteil, dass man sie mit einem scharfen Taschenmesser und ein wenig Geschick vereinzeln konnte. So erhielt man aus einer Matte eine ordentliche Anzahl an kleinen Böllern, die man unauffällig in der Hosentasche mitführen konnte. Und irgendwie hielten wir die Größe der Böller auch für das eigene Alter angemessen.

Diese Miniböller waren unter uns Kindern als „Judofürzchen" bekannt. Manche benutzten auch den Namen „Judenfürzchen". Das klang für mich, trotz aller damaligen Unwissenheit über den Antisemitismus, irgendwie falsch und komisch. Vielleicht wusste man eben doch so viel, um erkennen zu können, dass es nicht richtig sein konnte, die Böller so zu benennen. Jedenfalls hießen sie Judofürzchen, und jeder, der etwas anderes behauptete, wurde von uns entsprechend aufgeklärt.

Die Judofürzchen ließen sich äußerst vielseitig zum Einsatz bringen. Man konnte sie überall hin- beziehungsweise hineinlegen und die Lunte zünden. Sie fanden Platz in Spielzeugautos, -panzern und -flugzeugen, in Pusteröhrchen, Gläsern, Flaschen, Kapuzen, Schultaschen, auf Küchentischen, manchmal auch in Lebensmitteln. Schließlich musste man wissen, mit welcher Feuerkraft man es zu tun hatte.

Zumeist wurden sie aber in der Hand angezündet und irgendwohin geworfen. Und besser noch als mit den fliegenden Streichhölzern konnte man sich mit ihnen gegenseitig „bekriegen", indem man dem anderen die Böller mit brennender Lunte vor die Nase warf.

Die Lunten von zwei bis etwa fünf vereinzelten Miniböllern ließen sich auch wieder zusammenzwirbeln. Dann zündete man jeweils mehrere zugleich, die bei der Explosion des Ersten in verschiedene Richtungen flogen und an jeweils unterschiedlichen Orten hochgingen. Das erhöhte die Spannung, denn man konnte nie genau vorhersehen, wo die einzelnen Dinger schlussendlich in die Luft gingen.

Eine weitere Variation bestand darin, die kleinen Feuerwerkskörper in der Mitte durchzubrechen und die jeweiligen Hälften in der Hand haltend anzuzünden. Diese explodierten dann nicht, sondern sprühten das brennende Pulver in zwei kleinen Fontänen aus der gebrochenen Öffnung heraus. Dabei kam es allerdings häufiger vor, dass die kleinen Mistdinger auch nach hinten heraussprühten, vor allem dort, wo die Lunte gesteckt hatte. Diese wurde nämlich vorher herausgezogen, damit die nicht in der Hand abbrennen konnte. Die entstandene Öffnung im Knaller stellte eine eigene Gefahr dar, die ab und zu dazu führte, dass man sich verbrannte.

Weniger Überwindung kostete es, die Furzis direkt in der Hand explodieren zu lassen. Zwar gehörte auch hier etwas Kühnheit dazu, aber jeder, der etwas auf seinen Mut hielt, traute sich, dies zu tun. Manchmal zwiebelte es schon ganz ordentlich und hinterließ Schmauchspuren. Mein Freund Holger ließ später sogar einmal einen mittelgroßen Chinaböller in der Hand losgehen. Das war definitiv die Grenze. Eine Nummer größer hätte vermutlich Verletzungen zur Folge gehabt. Ich hätte mich das nicht getraut!

Raucherentwöhnung

Derselbe Freund hatte den genialen Einfall, wie er seinem Vater das Rauchen abgewöhnen könnte. Aus einer Zigarette wurde in konzentrierter Kleinarbeit mit einer feinen Pinzette die Hälfte des Tabaks entfernt. An den frei gewordenen Platz wurde dann, mit der Lunte nach vorne, ein Judofürzchen eingearbeitet. Um den versteckten Explosionskörper zu tarnen, musste der verbliebene Platz wieder mit Tabak verfüllt werden. Kaum von normalen zu unterscheiden, wanderte die so präparierte Zigarette zurück in die Schachtel des Vaters. Und ja, es funktionierte! Nicht das mit dem Abgewöhnen, aber das andere. Morgens, auf der Toilette sitzend, erlebte Holgers Vater seine knallharte „Überraschung". Nach einem beherzten Zug an der Zigarette explodierte diese, und nur der Filter mit etwas zerborstenem Filterpapier blieb im Mund des Vaters zurück. Der wusste überhaupt nicht, was geschehen war, und musste sich, im morgendlichen Halbschlaf auf dem Klo sitzend, ganz unmenschlich erschrocken haben! Er war wohl immer noch viel zu konsterniert, um meinen Freund Holger angemessen betrafen zu können, als dieser ihm über den wahren Grund des Ereignisses aufzuklären versuchte. Der Vater bat seinen Sohn allerdings einigermaßen eindringlich, die Umsetzung solcher Ideen in Zukunft zu unterlassen.

Explosionsräume

Mit zunehmendem Alter wuchs auch die Größe der Feuerwerkskörper, die man für sich als geeignet ansah und zu bezahlen in der Lage war. So fanden mehr und mehr echte Chinaböller und fette Kanonenschläge den Weg in mein Arsenal. Und hiermit taten sich noch einmal ganz neue Möglichkeiten auf.

Die großen Knallkörper enthielten ansehnliche Mengen an Schwarzpulver, wie ich gemeinsam mit Leo durch das Sezieren der gepressten Rollen herausfand. Wir planten, möglichst viel Schwarzpulver aus den vorhandenen Böllern zusammenzubringen, um damit einen eigenen, noch größeren zu bauen. Aber die ersten Versuche misslangen, und uns erschienen weitere Experimente als zu verschwenderisch. Das zu kleinen Häufchen zusammengeschobene Pulver ließ sich aber auch einfach so anzünden, wodurch man pritzelnde, vulkanartige Feuerberge zu sehen bekam.

Und man konnte mit dem Schwarzpulver richtige Lunten legen, wie man das aus Western oder Piratenfilmen kannte. Das zu einer schmalen Linie zusammengeschobene Schwarzpulver, am Ende angezündet, funktionierte exakt, wie im Film dargestellt. Das Feuer fraß sich langsam an der Linie entlang und endete dort, wo immer man es enden lassen wollte, zum Beispiel an der Lunte eines weiteren Böllers.

Leos Vater hatte als Andenken an seine Zeit als Soldat eine etwa 30 cm hohe Geschosshülse aus massivem Messing zu Hause herumstehen. Das verschossene Projektil war nach oben hin offen und an der Unterseite ausreichend schwer, sodass man das Teil, sicher stehend, als Blumenvase, Aschenbecher oder eben als Behälter für Explosionsversuche nutzen konnte. Die dort platzierten Kanonenschläge entwickelten jedenfalls eine enorme Treibkraft, mit der man andere im oder auf dem Rohr platzierte Gegenstände, wie zum Beispiel Spielzeugfiguren, ziemlich gut davonkatapultieren konnte. Die sonst sehr laut und direkt explodierenden Knallkörper entwickelten in dem Rohr einen ganz eigentümlichen Explosionsklang, der zwar gedämpft und weniger direkt, aber irgendwie hohl und gefährlich klang. Einen ähnlichen Effekt hatten Auspuffrohre. Tolles Spiel. Hier kam als zusätzlicher Reiz das „Nicht-erwischt-Werden" dazu.

Alle „Räume", in denen ein solch mächtiger Böller explodierte, entwickelten einen jeweils eigenen, charakteristischen Klang. Zu meinen weiteren Versuchsobjekten zählten Kanalschächte, Gullys, Mülleimer, Regenrohre, Blumentöpfe, Hausbriefkästen und auch die gelben Briefkästen der Post. Irgendwie war mir zwar schon klar, dass solche Unternehmungen nicht vollends schadenfrei abgehen konnten. Aber der Reiz des Übermutes, der Destruktion, des Unerhörten war mächtiger als die paar Bedenken, dass ich Mitmenschen erschrecken, Eigentum beschädigen oder Postsendungen zerstören könnte. Für die Schadenfreude, die überwundene Angst, den Mut und den Rausch nahm ich die Gefahren und mögliche Schäden billigend in Kauf.

Einmal hatten meine jüngere Schwester und ich zu einer Vorsilvester-Pyjama-Party eingeladen. Im Zuge dieser denkwürdigen Party zogen wir allesamt mit übergestreiften Nachthemden um den Häuserblock und trieben allerlei Schabernack. Da wir als größere Gruppe unterwegs waren, vervielfachte das den Spaß bei allen verzapften Dummheiten. Selbstredend war es Teil des Vergnügens, diverse Kanonenschläge auf anderen Grundstücken und vor fremden Haustüren zu zünden, nicht, ohne zuvor noch schnell auf den Klingelknopf gedrückt zu haben. Ein Böller brachte uns einmal dermaßen zum Lachen und zum Rennen! Ich hatte das Teil in den Briefschlitz neben einer Haustüre gesteckt. Und das Ding explodierte mit einem unfassbaren Donnerknall, der im Treppenhaus des gesamten Hauses widerhallte. In dem Moment dieser unbeschreiblichen Explosion und des kurzen Aufleuchtens im Briefschlitz flog der

Briefkastendeckel im hohen Bogen über die ganze Straße und schepperte irgendwo auf der anderen Seite zu Boden. Wir konnten nicht mehr vor Lachen! Und wir rannten, so schnell es uns in Anbetracht der erlittenen Lachanfälle noch möglich war.

Chinaböllerkohl

Auch im eigenen Haus konnte man vor einem rücksichtslosen Umgang mit Feuerwerkskörpern nicht sicher sein. Für Silvester hatte ich in einem Jahr eine besonders reichhaltige Menge dicker Knallkörper beschafft. Meine Eltern lagen um Mitternacht bereits im Bett, als es auf dem direkt an das Schlafzimmer angrenzenden Balkon zu einer Kaskade von Kanonenschlägen kam. Ich verballerte Packung um Packung und hatte meinen Heidenspaß. Beachtet hatte ich unterdessen nicht, dass auf dem Balkon zwei Schüsseln mit bereits geputztem und gewaschenem Kohl bereitstanden, um an einem der folgenden Tage ein treffliches Mittagsgemüse abzugeben. Vermutlich hatte ich die Schüsseln zwar gesehen, aber gut – was sollte schon passieren? Passiert war, dass das Gemüse einen interessanten Beigeschmack bekommen hatte, der irgendwie an Silvester erinnerte. Aus dem Chinakohl war ein Chinaböllerkohl geworden. Ich mochte das Gemüse ohnehin nicht. Vermutlich habe ich nichts davon gegessen, was mit Sicherheit auch gesünder war!

Pappelsommer

Wenn Dinge bereits in jungen Jahren eine magische Kraft auf mich ausübten, dann waren es die lauten, gefährlichen und verbotenen! Scharfe Messer waren definitiv gefährlich und deswegen strikt verboten. Einen legalen Weg, an ein richtiges Messer zu kommen, schien es für mich nicht zu geben. „Messer, Gabel, Scher' und Licht sind für kleine Kinder nicht!", musste ich mir anhören, wenn ich mein Verlangen nach einem Taschenmesser zum Ausdruck brachte. Diesen Spruch habe ich gehasst, denn eine nachvollziehbare Begründung blieb er schuldig. Warum nicht? Ich wollte es wenigstens verstehen. Meine Eltern gaben sich nicht besonders viel Mühe, mich mit Argumenten zu überzeugen. Es konnte allerdings auch sein, dass ich es damals nicht verstehen wollte.

Eines Tages aber bekam ich vom Chef der Firma meines Vaters ein Minitaschenmesser geschenkt! Ein Werbeartikel mit dem Aufdruck der Firma Fliesen-Meister. Eine etwa zwei Zentimeter lange Klinge verbarg sich in einem kleinen schwarzen Schaft mit Schlüsselanhänger. Pech gehabt! Das war jetzt mein Messer! Mann, war ich stolz! Und klar warnten mich meine Eltern wegen des ordnungsgemäßen Gebrauchs: „Immer von dir weghalten, nach Gebrauch sofort einklappen und – vorsichtig!"

Die Eltern und auch der Großvater, der für einige Zeit zur Pflege bei uns wohnte, prüften gemeinschaftlich, wie scharf die Klinge tatsächlich war, und gaben das kleine Messerchen schlussendlich frei. Um ehrlich zu sein, obwohl es mein erstes, langersehntes eigenes Messer war, verlor es gegenüber den anderen im Hause verfügbaren „richtigen" Messern, mit denen man in der Praxis wesentlich mehr anfangen konnte, schnell seinen Reiz. So lag zum Beispiel das Fahrtenmesser meines Vaters mit einer langen feststehenden Klinge samt Lederscheide mit Gürtelschnalle in einer Schublade des Wohnzimmerschranks. Dagegen erlangte das Schlüsselanhängermesserchen lediglich den Status eines netten Souvenirs. Auch deshalb, weil mein Vater voller Stolz erzählte, dass er mit dem Fahrtenmesser in seiner Jugend Wanderstöcke geschnitzt und verziert hätte. Ab und zu durfte ich das große Messer ansehen, vorsichtig ein Stück aus der Hülle ziehen und die Klinge bewundern. Zu meinem Gebrauch war es selbstredend nicht bestimmt. Aber auch sonst wurde es nicht mehr genutzt. Außer einmal, als wir mit der Familie sonntags zum Picknick fuhren – ja wirklich, wie im kitschigen Werbefilm mit VW Käfer, Wolldecke, Picknickkorb und Gummiball –, da durfte natürlich das Messer nicht fehlen.

Später allerdings fehlten dieses und einige andere Messer immer wieder abwechselnd in den Schubladen, Schränken und sonstigen Orten des Haushalts. Sie befanden sich dann irgendwo unter meiner Kleidung oder in der Hosentasche versteckt, wenn ich nach den Hausaufgaben nach draußen ging. Neben dem Fahrtenmesser besaßen wir nämlich noch viel praktischere – Taschenmesser zum Beispiel. Die waren vor allem schärfer als das etwas schartige Fahrtenmesser.

Und die jungen Triebe der Pappeln in der Karl-Bramkamp-Straße unter uns, die ich zu Speeren, Peitschen oder Pfeilen verarbeitete, wollten schließlich gekürzt, mit Mustern versehen, angespitzt oder von Blättern und Rinde befreit werden.

Mit Vorliebe nutzte ich die bearbeiteten Pappelstöcke in Verbindung mit einem stählernen Zaun zum Musikmachen. Am Gelände der Firma Bramkamp war ein etwa 300 Meter langer Metallzaun verbaut, der das Firmengrundstück zur bewohnten Straße hin abgrenzte und gleichzeitig einen Schutz vor der schroffen Böschung darstellte, die von der Straße bis an die Fabrik heranreichte. Die Umzäunung bestand aus langen, vertikal angeordneten Metallstreben. Die Metallstücke des Zauns, die zwischen ihren Befestigungspunkten frei schwingen konnten, erzeugten beim Anschlagen einen durchdringenden, glockenähnlichen Ton. Mit einem dicken Stock an den Streben dieses Metallzauns entlanggestreift, erklang in der Karl-Bramkamp-Straße die Musik der Zaunharfe – zur größten Freude aller Nachbarn. Meine Kompositionen konnte ich durch das Lauftempo sowie durch die Art und Stärke der Bewegungen ausreichend variieren, sodass die musikalische Darbietung durch immer neue Strophen bereichert wurde und keine Eintönigkeit aufkam. Dies funktionierte sogar fahrend, vom Kettcar aus. Allerdings musste der Stock dafür lang genug sein, um den Bürgersteig zu überspannen, denn mit dem Kettcar fuhr ich natürlich auf der Straße.

Auch um auf Mauern und Autos zu flitschen, Blätter aufzuspießen, Katzen zu verschrecken oder als Degen im Zweikampf ließ sich das Spielzeug bestens verwenden. Kurzum, ohne Messer, keine Pappelstöcke; ohne solche, kein Pappelsommer, und damit wäre ein Sommer kein richtiger gewesen. So habe ich, den Warnungen der Eltern zum Trotz, meine eigenen, manchmal sehr schmerzhaften Erfahrungen mit scharfen Klingen gesammelt.

Die Hauptarbeit war die massenweise Produktion von Pfeilen und Bögen. Beides ließ sich aus Pappelholz herstellen. Vielleicht gab es bessere Hölzer für den Zweck, aber die waren nicht so einfach in ausreichender Menge verfügbar. Für den Bogen habe ich einen möglichst langen Ast ausgesucht. Da die Bäume der Pappelallee regelmäßig zurückgeschnitten wurden, wuchsen viele neue Triebe kerzengerade direkt am Stamm empor. Diese konnte ich je nach Jahreszeit und

Wachstumsphase – manchmal mit etwas Mühe, manchmal auch recht einfach – nach unten abbrechen. Manchmal musste ich mit einem Messer nachhelfen. Die Auswahl des geeigneten Materials wurde dadurch eingeschränkt, dass nur die Äste infrage kamen, die ich von der Straße aus mit dem durch den Zaun gestreckten Arm erreichen konnte. Manchmal lohnte sich auch der Weg über beziehungsweise durch den Zaun. „Drüber" war lange Zeit schwierig bis unmöglich, weil an der Oberseite drei Reihen Stacheldraht angebracht waren. Mit den Jahren allerdings wurde der Stacheldraht, vermutlich durch den regelmäßigen Beschnitt der Bäume, mehr und mehr zusammengedrückt und hing irgendwann schlapp herunter. Später fehlte er stellenweise vollständig und gab den Weg über den Zaun frei.

In der Straßenkurve am Ende des Zauns hatte sich zudem durch ein missglücktes Manöver eines Autofahrers eine weitere Möglichkeit eröffnet, den Zaun zu überwinden. Von der Schillerstraße herkommend, wo ich wohnte, musste der Fahrer sowohl das starke Gefälle als auch den Kurvenwinkel unterschätzt haben. Jedenfalls war das Auto mehr oder weniger geradeaus in den Zaun gekracht. Die verbogenen Metallstreben des Zauns wurden nie repariert, sodass ich mich als Kind einfach dort hindurchzwängen konnte.

Bei den Pfeilen bildete das dickere Ende die Spitze. Diese wurde, damit der Pfeil so „echt" wie möglich war, so spitz wie möglich geschnitzt. Manchmal half auch ein von vorne eingeschobener Nagel dabei, die Echtheit der Waffe gegenüber allen Zweiflern zu unterstreichen. Einer, der nicht zweifelte, sondern mahnte, war mein Vater. Aber trotz manch unbedachter Tat meinerseits waren die Pfeile nicht für lebende Ziele bestimmt, und so brauchte er sich aus meiner damaligen Sicht keine Sorgen zu machen.

Ganz ideal waren die Pfeile indes nicht. Die Knospen der jungen Triebe, obwohl ich sie jedes Mal so gut es ging entfernte, streiften bei jedem Abschuss an der Hand entlang, die den Bogen hielt. So blieben dort die Spuren der Kriegskunst nicht verborgen. Besonders verletzungsträchtig war die Herstellung der Pfeile, wenn ich sie am dünneren Ende einkerben wollte. Dort sollte die Bogensehne, die in der Regel aus Paketkordel oder dickem Nähgarn bestand, Halt finden. Ich musste an der kleinen Stirnfläche von oben in das Holz schneiden, was mir nicht immer schadlos gelang. Wie habe ich es gehasst, wenn die Klinge, anstatt ins Holz, in einen Finger eingedrungen war! Scheiße, tat das weh! Und geblutet hat es. Scheußlich! Natürlich konnte mich das nicht lange von der weiteren Arbeit mit scharfen Messern abhalten. Die Ehrfurcht vor Messern, und damit das Gefühl, diese Macht zu besitzen, war dadurch eher noch gewachsen. Ich konnte mit scharfen Messern umgehen. Meistens jedenfalls. Und wenn nicht, dann hielt ich den Schmerz der Verletzungen aus, ohne mich bei irgendwem darüber zu beklagen! Und so zieren bis heute einige vernarbte Linien meine Fingerkuppen und erinnern mich an die Pappelsommer.

Als ich viele Jahre später schon lange nicht mehr zu Hause wohnte, rief mich eines Tages mein Vater an und berichtete mir, dass in der Karl-Bramkamp-Straße alle Pappeln gefällt würden. Das war wie ein Schnitt ins Herz. Es fühlte sich an, als hätte man einen Teil meiner Kindheit ausgelöscht.

Der vorläufige Höhepunkt der Messermanie war damals erreicht, als mein Vater von einer Baustelle eine echte Machete mitbrachte. Irgendwer hatte die wohl vergessen, oder sie wurde „gefunden", wie Handwerker auf Baustellen eben Dinge „finden". Jedenfalls war das Ding auf einmal in unserem Haushalt. In einem schwarzen Kunststoffgriff steckte eine bestimmt 40 cm lange Klinge. Diese war aus stabilem und recht starrem Stahl gefertigt, zwar nicht sehr scharf, aber von beachtlichem Gewicht, sodass ich mich mit schwungvollen Hieben ordentlich durch das Unterholz schlagen konnte, wenn ich wie häufig im Dickicht der nahe gelegenen Natur unterwegs war. Überdies sollte die Machete später ein eindrückliches Filmrequisit abgeben.

Göttliche Bewahrung

Als etwa Zwölfjähriger halfen ich und zeitweise auch andere Freunde Johannes, dem Sohn des Anderstädter Pfarrers, beim Sichten und Sortieren von Altpapier. In der Garage des Pfarrhauses stapelten sich Bündel mit Zeitungen und Zeitschriften. An der Stirnseite der Garagenwand stand für die Verarbeitung von Pappkartons eine große Presse aus Holz. Unsere Aufgabe war es, das von den Gemeindemitgliedern zusammengetragene Altpapier auf eventuelle Fremdstoffe zu sichten, diese auszusortieren, das Papier wieder ordentlich zusammenzubinden und neu zu stapeln. Kartons waren klein zu machen und mithilfe der Presse zu quaderförmigen Bündeln zusammenzuquetschen. Anschließend war das so entstandene Kartonpaket mit einem Band zu sichern.

Der bemitleidenswerte Johannes war von seinem Vater mit dieser Aufgabe betraut worden und jedes Mal froh, wenn einer seiner Mitschüler zum Helfen kam. Schon damals habe ich mich gefragt, wozu dieser irrsinnige Aufwand, der uns manchen Nachmittag beschäftigte, wohl gut war.

Es gab zwar damals noch keine Papiertonnen, aber Altpapier wurde auch Ende der 70er-Jahre schon von einem Unternehmen abgeholt und der Verwertung zugeführt. Dann lagen die zusammengebundenen Zeitungspäckchen und Kartons mit Zeitschriften auf den Mauern und Bürgersteigen vor den Häusern. Als Kind konnte ich so immer sehr gut erkennen, was in welchem Haus gelesen wurde und wer welche Zeitung bekam.

Dass der Pfarrer der Stadt eine alternative Altpapiersammelstation eröffnet hatte, musste sicher einen karitativen Zweck gehabt haben. Vielleicht bekam der örtliche CVJM oder die Kirchengemeinde Geld dafür. Vielleicht wurden mit der Verwertung des Altpapiers auch Behinderteneinrichtungen mit Arbeit versorgt. Ich wusste es nicht genau. Immerhin wurde die Aufgabe seitens des Pfarrers klar begründet. Der Verwerter, der das Altpapier abholte, hatte moniert, dass zu viele Fremdstoffe mitgeliefert würden. Wenn Papier und Pappe nicht frei von anderen Materialien, nicht sauber und sortenrein geliefert werden könnten, dann würde keine weitere Abholung erfolgen.

Wir nahmen die Aufgabe also sehr ernst und schnitten jedes vorhandene Bündel Papier auf, nahmen jede einzelne darin gefasste Zeitung und jede Zeitschrift in die Hand und schichteten sie nach erfolgter Prüfung auf einem neuen Stapel wieder auf. Anschließend wurde alles erneut mit einer Kordel zu einem Paket zusammengebunden.

Ab und zu fanden wir wirklich Dinge, die dort nicht hineingehörten. Das ein oder andere „Schmuckstück" ließ sich offenbar unbemerkt, geschützt vor den Augen des Ehepartners, in einem gebündelten Stapel Zeitungen heimlich entsorgen. Aber Aufwand und Nutzen unserer Arbeit standen in keinem sinnvollen Verhältnis, wie wir bald herausfanden, denn die meisten Pakete blieben ohne Beanstandung. Die

Arbeit war eintönig, und Zeitschriften mit interessanten Themen oder reizvollen Bildern, wie sie beispielsweise die NEUE REVUE, BRAVO, YPS oder von mir aus auch die AUTO, MOTOR UND SPORT hätten darstellen können, wurden offenbar im Kreise der Kirchenmitglieder kaum gelesen. Stattdessen Fernsehprogramme, Werbeblättchen, Polit-Magazine und eben jede Menge Tageszeitungen.

Einmal mussten wir offenbar doch etwas Interessantes der erstgenannten Art entdeckt haben, und das Zeitschriftenbündel konnte gar nicht schnell genug von der Kordel befreit werden. Dabei missachteten wir in Verheißung des erwünschten Ziels eine der bekannten Messerregeln: Abstand halten!

Mit gebanntem Blick auf die Presseerzeugnisse hielten wir die Köpfe über das zusammengebundene Paket, während sich Johannes mit seinem Taschenmesser an der Kordel zu schaffen machte. Das gut verschnürte Paket widersetzte sich längere Zeit dem Versuch, geöffnet zu werden, und so musste die Kraft auf das unter die Kordel geschobene Messer erhöht werden. Irgendwann gab die Schnur ohne weitere Vorwarnung auf, und das Messer suchte sich ohne das eben noch vorhandene Hindernis seinen Weg. Es fand sein Ziel, mit der Spitze voran, direkt über meinem Auge. Die Unterseite der rechten Augenhöhle hatte den Hieb mit leichten Blessuren aufgenommen. Etwas benommen und noch unsicher, ob wirklich alles gut gegangen wäre, musste die Wunde versorgt, das Geschehene verarbeitet und das unerhörte Glück oder, besser gesagt, die göttliche Bewahrung im Hause des Pfarrers dankbar angenommen werden.

Nimm doch die Schere!

Nicht ohne dauerhaften gesundheitlichen Schaden blieb indes der Anschluss eines Elektroherdes in der ersten gemeinsamen Studentenwohnung. Meine Freundin und ich zogen gerade zusammen und hatten – mit dem richtigen Blick – eine bezahlbare Wohnung in einem zentralen Stadtteil gefunden. Dass wir die Wohnung bekamen, war dem Umstand zu verdanken gewesen, dass wir wohl als Einzige der fünfzehn Besichtigungsteilnehmer zu erkennen vermochten, dass aus dem, was sich dem Besucher darbot, am Ende eine nette kleine Behausung werden konnte. Ich gebe zu, es

bedurfte einer starken Vorstellungskraft, aber viele vergeb-
liche Versuche, eine angemessene Bleibe zu finden, verhal-
fen der Imagination zu ausreichend Farbe. Vor allem der
kleine Balkon hatte es uns angetan, weshalb wir diese Wohnung unbedingt haben wollten. Dafür waren wir bereit, in
Kauf zu nehmen, dass alles Übrige, inklusive der weiteren
Bewohner des Hauses, wirklich sehr dem klischeehaften
Bild des Ruhrgebietes entsprach: heruntergewirtschaftet,
ungepflegt, eigen, trist.

Die Küche war zum Innenhof hin dem Gebäude vorgelagert
und bildete, direkt an den eigentlichen Balkon angrenzend,
eine Art „Kochbalkon". Dieser war mit geschätzten zwei
Quadratmetern ziemlich eng um die Hüfte. Immerhin stand
dort eine schmale Spüle und es war Platz für einen Herd und
einen Kühlschrank. Dann blieben noch Stehplätze für zwei
Personen, die sich aber bei der Arbeit in der Küche unweigerlich ins Gehege kommen mussten. Wenn man die Kühlschranktür öffnen wollte, musste man halb aus der Küche
heraustreten. Die drei „Außenwände" der Küche waren in
der Art eines Wintergartens mit Fenstern versehen. Diese
bestanden aus doppelten Elementen, aber jeweils nur einfach verglast. Ohne Isolation und Heizung froren im Winter
nicht nur die Scheiben zu, sondern auch die in der Küche
stehenden Getränkeflaschen und sogar die Wasserleitung.
Dafür, dass man nicht gespült hatte, gab es zumindest im
Winter einen plausiblen, temperaturabhängigen Grund.

Bei der grundlegenden Renovierung vor dem Einzug haben
wir in dem Raum, der das Schlafzimmer werden sollte, bestimmt zwölf Lagen Tapeten von den Wänden geholt. Als
diese Arbeit getan war, wussten wir, warum vermutlich niemand vor uns diesen Schritt gewagt hatte, denn das, was
als eine Art Unterputz unter den Tapeten gelegen hatte, war
gleich eimerweise mit von der Wand gekommen. Schlussendlich mussten wir im Schlafzimmer erst wieder 40 Kilo-
gramm Gipsputz an die Wände bringen, bevor wir ans
eigentliche Tapezieren denken konnten.

Der Anschluss des kleinen Elektroherdes, der von meiner
Großtante stammte, sollte kein Problem für mich darstellen.
Ungünstigerweise lag allerdings die Anschlussdose hinter
dem Kühlschrank, weshalb wir diesen wieder von der Wand
abrücken mussten. Der kam dadurch in der schmalen Tür
der Küche zum Stehen. Ich bezog also meinen Arbeitsplatz

im Planquadrat zwischen Kühlschrank, Herd und Außenwand. Dort eingeschlichtet und mit dem nötigsten Werkzeug ausgestattet, versuchte ich, das Kabel an die Wand zu bringen. Dabei stellte sich heraus, dass die Ummantelung des vorhandenen Stromkabels noch weiter entfernt werden musste.

Mit dem Abisolieren von Kabeln kannte ich mich zwangsweise aus. Ganz abgesehen davon, dass ich bereits Dutzende Male elektrische Installationen in sinnvoller oder weniger sinnvoller Art vorgenommen hatte, brachte mein Vater einmal von einer Baustelle hundertmeterweise zurückgelassenes Stromkabel mit nach Hause. Seine Idee: Die Ummantelungen und Isolierungen um die Kupferdrähte herum entfernen, das Kupfer herausholen und zur Altmetallverwertung bringen. Dafür gab es Geld. Und wir Kinder hatten tagelang Beschäftigung, bis die Finger wehtaten. Nach unsäglich viel zu entsorgendem Isolierzeug, das die Mülltonnen füllte, und einer Kiste voller fein säuberlich aufgewickelter Kupferdrähte war der Lohn dieser Arbeit, außer detaillierte Kenntnisse über die physikalischen Eigenschaften von Kabelisolierungen, gerade mal 15 Mark im Ankauf des Metalls.

Hier hinter dem Kühlschrank mühte ich mich mit dem vorhandenen Werkzeug, was aber nicht gelingen wollte. Ein geeignetes Teppichmesser war wohl nicht greifbar. Meine Freundin, die dem Geschehen von hinter dem Kühlschrank aus beiwohnte, gab den Tipp: „Nimm doch die Schere!" Ja, das konnte gehen! Einritzen und dann von oben in das Kabel einführen, um die Ummantelung aufzubrechen.

Worin die Schere dann aber mit der benötigten Kraft eingeführt wurde, war nicht das Kabel, sondern mein Daumen, der das Kabel festhielt. Abgerutscht. Und dann tief drin. Dummerweise die Arterie! Das Blut pumpte sich in kleinen Schüben aus dem Körper. Mir wurde sofort schlecht. Ich musste mich an Ort und Stelle hinlegen, sonst wäre das schnell von alleine geschehen. Leider vereinfachte das die Situation nicht gerade, denn weder kam ich jetzt aus der Küche heraus, noch kam meine Freundin in die Küche hinein, um mir helfen zu können. Da lag ich dann, blutend, den Daumen irgendwie zudrückend und darauf wartend, dass mein Kreislauf das Ganze verarbeitet bekäme ...

Ich bin natürlich nicht verblutet und gestorben. Letztlich war es ja nur eine kleine Fingerverletzung. Neben der Arterie aber hatte ich mir offenbar auch den Nerv durchtrennt, weshalb der Daumen viele Jahre ganz und später immer noch teilweise ohne Gefühl blieb. Seitdem ist der Ausspruch „Nimm doch die Schere!" zum geflügelten Wort für all die Vorhaben geworden, die nicht auf Anhieb gelingen wollen und wo dringend eine alternative Idee gebraucht wird.

Die Axt im Walde

Mit Leo hatte ich einen Platz im Wald, an dem wir uns häufig trafen. Man konnte die Stelle vom Ende der Schillerstraße aus erreichen, indem man über die Wiese ging, die noch zur Firma Bramkamp gehörte, und danach die steile Böschung Richtung Steinbruch hochkletterte.

Ob die Stelle, die wir als Steinbruch bezeichneten, wirklich einmal ein wirtschaftlich betriebener Steinbruch gewesen war, glaubten wir nicht. Dafür war der zu klein. Aber dem Luisenberg fehlte hier tatsächlich ein beträchtlicher Teil seines Rückens. Stattdessen gab es dort eine Art Schlucht, und entgegen des sonst üblichen Bewuchses waren hier nackte Felswände zu sehen. Möglicherweise waren in früheren Zeiten Steine für den Bau der Eisenbahntrasse oder für den Hausbau abgetragen worden. Ziemlich viele Anderstädter Häusersockel und Kellermauern waren mit Bruchsteinen gemauert.

Auf einer kleinen Anhöhe unterhalb des Steinbruchs hatten wir einen schönen Blick über die halbe Stadt und waren mit ausreichendem Abstand zu allem, was wir da unten gerne hinter uns ließen. Die Anhöhe bildete eine kleine Lichtung mit Wiesenstücken, niedrigen Sträuchern und jungen Bäumen. Unser Platz war eine kleine, mit Gräsern und Moosen bewachsene Senke, in die man sich bequem hineinlegen konnte. Dort war man noch mal mehr für sich und fast von der übrigen Welt entkoppelt.

Vermutlich war die Senke, wie viele der vorhandenen Löcher auf dem Luisenberg, einer von unzähligen Bombentrichtern. Ende des 2. Weltkrieges war Anderstadt wegen seiner strategischen Bedeutung bombardiert worden. Insgesamt fielen an die 3000 Bomben unterschiedlicher Gewichtsklassen auf die Kleinstadt. Aufgrund der Enge des Tals war es für die anfliegenden Flugzeuge schwierig, die strategischen Ziele wie den Bahnhof, die Gleisanlagen oder die Betriebe zu treffen. Viele Bomben prasselten auf den Luisenberg nieder, zerstörten dort unzählige Wohnhäuser oder verursachten entsprechende Krater im Wald. Wir Kinder kannten damals die Löcher in unserem Wald. An der Menge konnten wir erahnen, was die Bombardierung der Stadt bedeutet haben musste.

Leo und ich lagen dort im Grün unseres Bombentrichters, waren für uns, rauchten Zigaretten, schnitzten Stöcke, erzählten oder schmiedeten Pläne. Einer dieser Momente führte zu der Idee, dass man an diesem Platz einen richtigen Unterschlupf bauen müsste. Mit Wänden, die vor „Angreifern" schützen, und einem Dach, das Sonne und Regen abhalten würde. Wir verabredeten uns für den nächsten Tag, wo jeder von uns entsprechendes Werkzeug mitbringen sollte. Leo schleppte verschiedene Sägen an. Ich hatte zugesagt, eine große Axt beizusteuern. Mein Vater besaß eine solche, die er im Ölkeller aufbewahrte und die hauptsächlich für das Spalten von Feuerholz gedacht war. Aber auch Bäume konnte er damit fällen. Dies hatte ich einmal gesehen, als er im Garten meines Opas einen Obstbaum ummachte.

Mein Vater war sehr geschickt im Umgang mit diversen Arbeitsgeräten. Davon abgesehen, dass er als Handwerker arbeitete, war er in Schlesien in einer bäuerlichen Familie aufgewachsen, die, neben dem eigentlichen Beruf des damaligen Ernährers, einen mittelgroßen Hof mit allerlei Tieren und immerhin sieben Morgen Land bewirtschaftete. Kurz vor Kriegsende musste die Familie fliehen, kam später zurück, wurde aber kurz darauf von zu Hause vertrieben. Als Vierzehnjähriger kam mein Vater damals mit Teilen seiner Familie im Harz unter. Er und sein Vater verdingten sich dort als Holzfäller, was die Kenntnisse und das Geschick im Umgang mit jedweden Arten von Hölzern oder Bäumen erklärte.

Ich war zwar noch lange keine vierzehn, traute mir aber die Arbeit mit der Axt durchaus zu. Schließlich hatte ich hin und wieder meinem Vater beim Umgang damit zugeschaut. Also nahm ich das etwa 70 cm lange Werkzeug aus dem Ölkeller, schulterte es mit einer Hand und zog damit in den

Wald. Dort war die Aufgabe klar. Bäume mussten gefällt werden. Wir brauchten schließlich Holz für den Bau unseres Unterschlupfes. Mit Axt und Säge rückten wir gegen die Stämme der ausgesuchten Bäume an. Am Ende standen auf der Lichtung drei junge Fichten weniger. Dafür besaß unser Versteck nun eine Umrandung aus Baumstämmen sowie ein Dach aus nadeligen Ästen. Auch wenn die Bude weder wirklich vor „Feinden" noch vor Regen schützen konnte, so tat sie dies wenigstens in unserer Fantasie.

Irgendwann später fragte mich mein Vater, ob ich wüsste, warum die Axt so über und über mit Tannenharz verklebt sei …

Die Wildnis

Im Alter von 14 drehten wir einen Film. Ich schrieb das Drehbuch und führte Regie. Die Handlung: vergrabener Schatz, Verfolgung, Hinterhalt, Schlägerei, Schießerei, am Ende alle Schurken tot (wie es sich für einen guten Wildwestfilm gehört).

Die ausführliche Version: vergrabener Schatz, erste Schießerei, verlorene, gefundene, geraubte und zurückgeraubte Schatzkarte, erste Verfolgung, erster Hinterhalt, erste Schlägerei, zweite Schießerei, ein Schmetterlingsfänger, ein Eremit, ein Kartenspiel, zweite Verfolgung, zweiter Hinterhalt, zweite Schlägerei, dritte Schießerei, am Ende alle Schurken tot.

Im Drehbuch waren nur männliche Rollen vorgesehen. Mädchen spielten nicht mit. Dafür alle Jungs. Also wirklich alle, die ganze Clique. Zwischenzeitlich gab es zwar Überlegungen für eine noch zu schreibende Kussszene (mit einem Mädchen, das die Bereitschaft dafür bekundet hatte) – genauere Planungen wurden wegen möglicher Peinlichkeiten aber wieder verworfen.

Wolframs Vater hatte eine Super-8-Kamera. Die nutzten wir für die Dreharbeiten. Die erste Rolle Filmmaterial übernahmen wir aus familiären Lagerbeständen, und eine weitere sponserte uns der Vater. Für die folgenden mussten Wolfram und ich als Produzenten sehen, wie wir genügend Geld zusammenbekamen. Die Finanzierung war ein Desaster. Vorhandene Barmittel und Taschengeld waren schnell aufgebraucht. Mitten in den Dreharbeiten stockte das Projekt, da keine weitere Filmrolle mehr gekauft werden konnte. Zu guter Letzt mussten wir einige Darsteller mit der Zusicherung, dass sie das Geld aus den Einnahmen der Vorführung zurückerhalten würden, in die Teilhaberschaft locken. Leider kam der Film nie richtig zur Aufführung, und die kaum nennenswerten Einnahmen bei der Vorführung auf dem Schulfest reichten nicht zur Deckung aller noch vorhandenen Außenstände. So kam es, dass eines Tages zwei der unfreiwilligen Teilhaber als sich selbst vertretende Inkassounternehmer vor meiner Haustüre standen und ihr Geld zurückforderten. Aber wo es nichts zu holen gab, da konnten sie lange warten.

Das Problem mit dem Film: Es gab keinen Ton. Stummfilm. Groteskerweise führte der Abspann sogar die (nicht) gespielte Filmmusik auf: Ludwig van Beethoven, Abba und Ennio Morricones „Spiel mir das Lied vom Tod" beziehungsweise „Das Lied vom Tod" (das mit der berühmten Mundharmonika).

Dass die Filmkamera keinen Ton aufzeichnen konnte, war uns natürlich von vornherein klar gewesen. Davon abgesehen, dass Filmrollen mit Tonspur noch mal viel teurer gewesen wären, war unser Plan: den Ton einfach parallel mit dem Dreh auf einen Kassettenrekorder aufzuzeichnen und nachher irgendwie zusammenzubringen. Im Laufe der Dreharbeiten stellte sich die Aufnahme mit dem Rekorder aus verschiedenen Gründen als ungeeignet heraus. Einmal sah man mich bei einem Kameraschwenk mit dem Gerät im Gebüsch sitzen. Dann waren die Batterien leer. Vor allem aber war die Qualität der Tonaufzeichnung noch weniger überzeugend, als es die Filmaufnahmen werden sollten.

Der Plan mit dem parallelen Ton wurde also während des Drehs wieder verworfen. Wir überlegten uns, dass wir den Film ganz am Ende nachvertonen könnten. Und so kam es, dass alle Darsteller, die eine sprechende Rolle hatten (was nicht so viele waren, denn im Film wurde mehr geschossen als gesprochen), sich nach Abschluss der Dreharbeiten an einem Samstagnachmittag in der Schule einfanden. Zuvor hatte der technische Assistent der Schule zugesagt, uns zu helfen. Wir brauchten schließlich den Filmprojektor, das teure Tonbandgerät nebst Mikrofon und jemanden, der das alles bedienen konnte beziehungsweise durfte. Und so geschah es, dass an jedem Samstagnachmittag im abgedunkelten Physiksaal des Gymnasiums die ersten Schüsse fielen. Es mussten ja nicht nur die Dialoge gesprochen, sondern auch alle Geräusche nachvertont werden.

Nach einer wilden Ballerei mit Schreckschussmunition, die den Lichtstrahl des knatternden Projektors durch bläulichen Dunst sichtbar werden ließ, machte ein Hänger bereits im ersten Dialog eine Unterbrechung erforderlich. Die Geräte wurden zurückgespult. Aber der Versuch, sowohl das Tonbandgerät wie auch den Projektor exakt an der richtigen Stelle und zum selben Zeitpunkt zu starten, wollte nicht gelingen. In diesem Moment wurde wohl dem Assistenten erst so richtig klar, was wir genau vorhatten: eine lippen- beziehungsweise schusssynchrone Nachvertonung. Aber selbst, wenn der Start exakt gelingen sollte, so erklärte er uns, würden beide Geräte niemals so synchron laufen, dass Bild und Ton den ganzen Film über zueinanderpassten. Das sei technisch nicht möglich.

Da floss er hin, unser Ruhm. Zumindest bis zum Schulfest würde es nicht mehr gelingen, den Film samt Ton fertigzustellen. Es gab zwar noch eine letzte Möglichkeit, aber die war teuer und zeitaufwendig. Wir hätten den geschnittenen Film einschicken und nachträglich mit einer Tonspur versehen lassen können. Das Vorhaben scheiterte aber an dem nicht mehr vorhandenen Budget und an der Zeitplanung sowieso. Also blieb der Film wie er war – ein Stummfilm. Er wurde dann während des Schulfestes vorgeführt und live kommentiert. Aber ohne mich. Das war nicht der Film, den ich zeigen wollte. Ich blieb dem Schulfest fern.

Dabei hatte „Die Wildnis" mit einer amtlichen Kurzfilmlänge von 22 Minuten (wobei drei davon die eingeschnittenen Trickblenden und der animierte Abspann waren) durchaus Unterhaltungsqualitäten. Die Actionszenen waren gelungen, inklusive der halbwegs echt wirkenden Faustkämpfe, der Schusswunden mit selbst hergestelltem Kunstblut oder des Aufspießens eines der „Schurken" mit einem geschnitzten Speer. Auch war zu bewundern, wie ich mich in eine Schlucht (also den Steinbruch) abseilte. Das hatte ich zwar vor dem Dreh noch nie gemacht, aber immerhin hatte ich mir alles genau überlegt. Das Seil war an einem Baum zu befestigen, über die Schulter zu legen und dann über den Rücken und durch die Gürtelschlaufen der Hose zu führen.

Nach oben hin würde ich das Seil mit der linken Hand greifen können. Dort, wo das Seil an der Hüfte aus den Gürtelschlaufen der Hose herauskommen und nach unten in die Schlucht fallen würde, könnte ich es mit der rechten Hand greifen und mich im Zusammenspiel der beiden Hände langsam abseilen. So der Plan. Das Risiko eines Absturzes hatte ich vorher gewissenhaft kalkuliert. Das Seil hatte mein Freund Leo geknotet, dem ich vertraute. Meine eigene Prüfung bestätigte, dass er zuverlässig gearbeitet hatte. Die Bewegungen der Abseiltechnik hatte ich mehrfach in der Vorstellung durchgespielt. Und letztlich hielt ich die etwa vier Meter auch nicht für lebensgefährlich, zumal im möglichen Fallbereich riesige Brennnesseln einen Absturz etwas weicher gestaltet hätten. In denen endete ich allerdings auch so, nachdem das Abseilen tatsächlich, wie mental geprobt und im Film eindrücklich zu sehen, funktioniert hatte. Das Einzige, was ich nicht vorhersehen konnte, war, dass das am Hals entlangstreifende Seil fiese Abschürfungen verursachen würde, die mich noch etliche Tage lang an die waghalsige Aktion erinnerten.

Eine andere Actionszene erwies sich als viel gefährlicher, weil wir hier überhaupt nicht mit Gefahren gerechnet hatten. In einem kleinen Wassertümpel im Wald, wo eine entscheidende Kampfszene gedreht wurde, wären wir fast ersoffen. Es stellte sich heraus, dass der Grund des scheinbar flachen Gewässers aus mindestens einem halben Meter verrottender Biomasse bestand. Auf dem stinkenden, schlammigen Untergrund fanden wir keinen Halt zum Stehen und sanken so tief ein, dass wir uns in voller Montur nur irgendwie mit den Armen rudernd und halb schwimmend wieder an Land bringen konnten. Zu unserem größten Bedauern war die besonders echt wirkende Dramatik auf den viel zu dunkel geratenen Aufnahmen nicht mal zu erahnen. Dafür gab es andere Dinge im Film, die man eigentlich nicht sehen sollte: Quarzuhren am Handgelenk, Häuser im Hintergrund, ein Schuss und fünf Kerle fallen gleichzeitig um oder eben den Typen mit dem Kassettenrekorder im Gebüsch.

„Was is denn nu mit de Kohlen?"

... so fragt Bud Spencer unablässig in „Vier Fäuste gegen Rio". Auch mich beschäftigte diese Frage das gesamte Entwicklungsalter über. Geld war ein großes Thema. In meiner Familie gab es einfach zu wenig davon! Rückblickend würde ich sogar sagen, dass wir arm waren – nach heutigen Maßstäben sowieso. Tatsache war, dass wir extrem sparsam leben mussten.

Der Vater war Alleinverdiener, die Mutter hatte die Familie zu managen. Aufgrund unserer Einkommens- und Familienverhältnisse bekamen wir als kinderreiche Familie „Karnickelgutscheine", also die staatliche Unterstützung für den Kauf von Schulbüchern zum Beispiel. Auch die Fahrkarten der DB bekamen wir zeitweise vergünstigt. Die Mutter wirtschaftete mit wöchentlich zugeteiltem Haushaltsgeld. Davon war unter anderem das Mittagessen regelmäßig auf den Tisch zu bringen. Bei einem halben Dutzend hungriger Mäuler gab es zum Ende der Woche manchmal nur noch Grießbrei, Suppe oder Ravioli zu essen. Obst, Gemüse und Salat kamen aus dem Garten, den meine Eltern bewirtschafteten. Im Spätsommer ging es oft „in die Pilze" oder „in die Brombeeren", wie es der Vater ausdrückte. Dann zogen wir gemeinsam durch Wald und Feld und sammelten die Früchte der Natur. Neben der jahreszeitlichen Versorgung mit frischen Sachen wurde kiloweise Gemüse eingefroren, Obst eingemacht, Marmelade und Saft gekocht, Äpfel und Kartoffeln eingelagert. Apfelmus gab es saisonal in hundert Variationen: mit Zimt, Vanille, Rumaroma, mit Rosinen, Pudding, Eis und sogar mit Dosenmilch. Sosehr versucht wurde, die geschmackliche Eintönigkeit zu bereichern, am Ende konnte keiner mehr, außer dem unbeirrbaren Vater, Apfelmus sehen, riechen oder gar essen.

Bei uns Kindern begehrte Luxusgüter, die nicht im Garten wuchsen, also Sachen wie Kellogg's Cornflakes, Nutella oder Coca-Cola – vor allem natürlich die „echten" Marken –, fanden lange Zeit eher selten den Weg in unsere Mägen. Und wenn doch, wurde darauf geachtet, dass man bloß nicht zu viel nahm, das Brot also nicht zu dick geschmiert wurde, oder dass jeder gleich viel beziehungsweise gleich wenig abbekam.

Cola oder Fanta wurden eigentlich nie gekauft. „Wir haben

doch leckeren Saft", hieß es immer. Manchmal brachte der Vater eine Flasche Cola von der Baustelle mit, wenn ein Kunde oder sein Chef es gut meinten. Dann war die Freude unbeschreiblich. Eines Tages fand ich eine Flasche echte Coca-Cola, randvoll, in der Kühlschranktür. Meine Augen müssen gestrahlt haben. Die dunkle Brause schien allerdings nur noch wenig Kohlensäure zu enthalten. Egal, Hauptsache Cola, dachte ich, als ich beim ersten Schluck feststellen musste, dass meine Eltern schwarzen Tee gekocht und in die Flasche gefüllt hatten. Auf meine unfassbare Enttäuschung hin zur Rede gestellt, bekam ich die Antwort: „Sieht doch aus wie Cola – und schmeckt auch lecker!"

Viel schlimmer, ja geradezu fahrlässig war es, als der Vater einmal eine angebrochene Flasche Cola in der Garage abgestellt hatte. Das Verlangen nach einem erfrischenden Schluck des begehrten Getränks war überwältigend. Im Moment des Ansetzens der Flasche kam es mir allerdings komisch vor, dass die Cola unerwartet langsam in Richtung der Flaschenöffnung floss. Auch zog das Getränk merkwürdige Schlieren am Flaschenrand. Ob die Cola schlecht geworden war? Oder handelte es sich möglicherweise um eine andere schwarze Flüssigkeit in der Flasche? Nein, das konnte unmöglich Cola sein! Der Standort in der Garage allerdings war der richtige, wie sich herausstellte. Das, was dort in einer Cola-Flasche abgefüllt war und auf den ersten Blick der schwarzen Brause zum Verwechseln ähnlichsah, war Motoröl! Ich war also nicht der Einzige, der für Dummheiten und Leichtsinnstaten in der Familie verantwortlich war.

So wie mit dem Essen war es mit der Kleidung. Ein richtiges Modegeschäft sah ich erstmals vor meiner Konfirmation von innen. Anziehsachen wurden bei Quelle oder Neckermann bestellt, ich erbte sie von Cousins und anderen entfernten Verwandten oder bekam Hosen und Pullover beim „Schreihals" auf dem Markt gekauft. Passform, Aussehen und Qualität waren hier dem Preis entsprechend: „Alle Hosen 10 Mark!" Eine dieser schönen Cordhosen hielt genau einen halben Tag, bis in der Schule die Naht über den ganzen Hintern aufriss. Peinlich, ehrlich! In der Pause durfte ich zum Glück auf meinem Platz sitzen bleiben; nach der Schule allerdings mit der kaputten Hose die zwei Kilometer nach

Hause laufen.

Ein paarmal fuhren wir gemeinsam in Urlaub. Die klassischen deutschen Reiseziele: Nordsee, Ostsee, Bodensee, Chiemsee. Einmal zur Nordsee fuhr der Vater mit uns drei ältesten Kindern alleine, während die Mutter den Jüngsten als Kleinkind zu Hause versorgte. Der Urlaub, an den ich mich nur sehr ungerne erinnere, war der in Bayern. Wir hatten eine Bleibe in einer kleinen, dunklen und nach Misthaufen stinkenden Bauernhofpension. Wir Kinder waren wohl wie das Wetter – und vermutlich genau aus diesem Grund: unausstehlich. Zu den „Höhepunkten" des Urlaubs gehörte das stundenlange Anstehen für eine Führung im Schloss Herrenchiemsee, nur, um dort während einer todlangweiligen Führung von einem Ordner angemault zu werden, weil ich es gewagt hatte, den roten Plüschsessel hinter der Absperrung anfassen zu wollen. An „die Berge" erinnere ich mich, weil meine Eltern die unnachahmliche Idee hatten, mit uns drei Kindern die Kampenwand besteigen zu wollen. Der Berg wollte und wollte nicht enden. Irgendwann mussten meine jüngere Schwester und auch ich abwechselnd getragen werden. Da waren wir noch lange nicht oben. Der völlig unterschätzte Aufstieg mit drei kleinen Kindern endete damit, dass wir alle in totaler Erschöpfung den Gipfel erreichten – und beinahe nicht mehr heruntergekommen wären, weil die letzte Bahn ins Tal nur wenige Sekunden später ohne uns abgefahren wäre. Der Urlaub endete, weil wir vorzeitig abreisten oder, besser gesagt, abreisen mussten. Der Gastgeber der Pension war von uns wohl ebenso entnervt wie wir alle von diesem Urlaub.

Später fuhren wir Kinder öfter alleine oder zusammen auf Kinder- und Jugendfreizeiten, die vom CVJM oder anderen christlichen Institutionen angeboten wurden. Das war billiger als Urlaub für alle, für uns Kinder meistens mit einem interessanten Programm und spannenden Gemeinschaftserlebnissen verbunden. Die Eltern hatten auf diese Weise etwas Entlastung, beziehungsweise der Vater konnte während der Zeit weiterhin arbeiten gehen.

Irgendwann gab es Taschengeld. Wöchentlich oder monatlich, aber immer zu wenig, um damit über den normalen Bedarf an Verbrauchsgütern wie Kartoffelchips oder Schreckschussmunition hinaus etwas anfangen zu können. Wenn ich rechnete, wie lange ich warten müsste, um mir von dem

Taschengeld dieses oder jenes kaufen zu können, wurde schnell klar, dass das Sparen für größere Wünsche auf diese Weise überhaupt keinen Sinn machte. Davon abgesehen blieb eigentlich nie Geld übrig, das ich wirklich hätte sparen können.

Spardosen waren überhaupt eine schreckliche Idee. Vor allem die, die man selber nicht wieder aufmachen konnte, wie die von der Sparkasse. Wer lässt sich so etwas einfallen? Man steckt sein wertvolles Geld dort hinein und kann es dann nicht mehr anschauen! Wie viel drin ist, bleibt im Dunkeln, und wenn man dringend etwas braucht, kommt man nicht ran! Total bescheuert! Zum Weltspartag von einem Sparkassenonkel hinter dickem Glas aufgemacht, bekommt man die schöne Sammlung seiner Münzen und Scheine kaum zu Gesicht, dafür wird einem lediglich ein Betrag genannt, der dann als schnöde Kommazahl in einer Spalte des Sparbuchs auftaucht. Betrug! Nichts für mich. Geld wollte gesehen, gefühlt, berochen, gezählt und vor allem ausgegeben werden!

Manchmal war die Finanznot so groß, dass ich einzelne Münzen oder sogar Scheine aus der Öffnung der Spardose herausgeangelt habe. Bei den Sparkassendosen war das tatsächlich schwierig. Meistens wurde mir das mit den Dosen ohnehin zu bunt, sodass ich sie gleich ganz aufgebrochen habe.

Einmal habe ich aus allen möglichen Ecken die letzten Pfennige zusammengekramt, um mir noch kurz vor Geschäftsschluss um 18:30 Uhr eine Tüte Flips im Aldi kaufen zu flitzen. Als letzter Kunde, der gerade noch um 18:29 Uhr in den Laden gekommen war, stand ich an der einzigen, soeben noch geöffneten Kasse, um der Kassiererin eine – immerhin passend abgezählte – Hosentasche voller Kleingeld in die Hand zu drücken. „Das ist jetzt nicht wahr …", oder so ähnlich brachte sie ihre Fassungslosigkeit zum Ausdruck. Es passte aber genau – bis auf den letzten Pfennig!

Ich habe es gehasst, zu wenig Geld zu besitzen. Das schuf schlimme Auswüchse, wie zum Beispiel, dass ich zu Weihnachten oder zu Geburtstagen nur Selbstgebasteltes oder Gutscheine verschenken konnte. Wegen meiner Dienstleistungsgeschenke habe ich über viele Jahre hinweg samstags die Straße gefegt und sonntags das Geschirr abgetrocknet.

Pikanterweise musste meine große Schwester sonntags auch ohne irgendeinen Gutschein immer spülen. Unfair. Aber das war nicht mein Problem. Immerhin musste sie nicht auch noch abtrocknen!

Außer mit dem regulären Taschengeld konnte ich glücklicherweise ab und zu mit anderen, zumindest punktuellen Einnahmen rechnen. Zeugnisgeld zum Beispiel. Das wurde vor allem vom Großonkel Fritz recht generös und nach Art der Leistungen bezahlt. Für eine Drei gab es 50 Pfennige, für eine Zwei eine Mark und für eine Eins zwei Mark. Für Vieren und drunter gab es nichts. Über den pädagogischen Wert wie über die Gerechtigkeit kann man streiten, denn die Zeugnisse hatten, je nach Schule oder Schuljahr, eine ganz unterschiedliche Anzahl an Noten. Da war man ab und zu gegenüber seinen Geschwistern oder gegenüber dem Vorjahr im Vor- oder im Nachteil. Immerhin kamen für mich üblicherweise immer ein paar Mark zusammen.

Natürlich gab es auch zu Geburtstagen von manchen Gratulanten Geld, sofern keine anderen Geschenke überreicht wurden. Und dann die Konfirmation! Leider gab's die nur einmal. Abgesehen von den unzähligen Handtüchern und den reinen Gratulationsbriefen ohne weiteren Inhalt waren die monetären Einnahmen überaus beachtlich und füllten sogar mein Sparbuch – zumindest eine Zeit lang.

Beschaffungskreativität

Schon als Kleinkind tat ich alles, was mir einfiel, um an Geld zu kommen. Ich erwies mich als guter Finder, denn das Geld lag manchmal auf der Straße. Oft nur Pfennige oder Groschen, manchmal aber auch Markstücke oder mehr. Auf dem Schützenplatz fand ich einmal sogar einen Zehnmarkschein. Den habe ich allerdings lange gehütet, bevor der ausgegeben wurde. Da es sich offenbar lohnte, nach Geld zu suchen, hielt ich überall Ausschau. So richtig verlässlich war die Einnahmequelle leider nicht. Betteln zu spielen oder auf der Straße hübsche Tannenzapfen zu verkaufen, allerdings auch nicht.

Ein andermal brachten uns Leos und meine kindliche Aufmerksamkeit dazu, den Diebstahl eines Motorrades zu beobachten. Zwei Halunken brachen in eine benachbarte

Garage ein und verschwanden kurze Zeit später mit einem Motorrad. Da wir die Täter beobachtet hatten und überdies der Polizei ziemlich gut beschreiben konnten, wurden die Täter beim Grenzübertritt nach Österreich geschnappt. Wir bekamen jeweils 20 Mark Finderlohn. Aber auch das konnte nicht die Regel werden, obwohl wir einen Detektivklub gründeten und die Polizei per offiziellem Brief, auf der Schreibmaschine getippt, um die Übernahme weiterer Fälle baten.

Den Kaugummiautomaten in der oberen Schillerstraße konnte ich mit passenden Utensilien überlisten und zur Ausgabe von Kaugummis bewegen. Manchmal gelang mir das sogar mit einem rund geschnittenen Stück Pappe. Dann brauchte ich zumindest dafür schon mal kein Geld. Einmal war der Automat ohne weitere Einwirkung kaputt, und ich konnte so lange drehen, bis der keine Kaugummis mehr ausspuckte. Weniger geduldige Zeitgenossen brannten immer mal wieder die Plexiglasscheibe des Automaten durch, um den Inhalt zu plündern. Das hätte ich allerdings nie getan. Das war mir zu kriminell und es sah ganz scheußlich aus.

Vor einem probeweisen Diebstahl schreckte ich indes nicht zurück. In dem kleinen Lädchen an der Straßenkreuzung hatte ich einmal beobachtet, wie Jugendliche Süßigkeiten geklaut hatten und sich gegenseitig vor dem Laden ihre Beute präsentierten. Ich sehe noch die ganzen Hände voller Brausetütchen und Maoam-Päckchen sowie die feixenden Gesichter. Also beschloss ich, das auch zu probieren. Es konnte offenbar nicht so schwer sein. Minutenlang trieb ich mich an dem Ständer mit all den Leckereien herum, um auf einen günstigen Moment zu warten. Als der gekommen schien, griff ich zu und ließ ein kleines Teil in der Hosentasche verschwinden. Mein Herz klopfte bis zum Hals, und ich glaubte, dass man mir meine Missetat ansehen müsste. Aber ich kam damit durch. Allerdings hatte es sich nicht richtig angefühlt, und darüber hinaus war es doch irgendwie zu aufregend gewesen, weshalb es bei dem einen Mal bleiben sollte – also zumindest in Bezug auf das Eigentum fremder Leute. Das elterliche Einkaufsportemonnaie (also das mit dem Haushaltsbudget) und das kleine weiße im Wohnzimmerschrank, wo die Mutter passendes Kollektengeld aufbewahrte, wurden ab und an etwas erleichtert. Das mit dem Kollektengeld konnte kaum auffallen, da meine Mutter nur unregelmäßig in die Kirche ging und bei der Vielzahl der enthaltenen Zweimarkmünzen einfach keinen Überblick haben konnte.

Im Herbst ging ich zum Martinssingen, im Mai zum Maimiss-Singen. Das war als Brauchtum schon damals ziemlich aus der Mode gekommen, aber es lohnte sich doch jedes Mal. Mit einem frischen Birkenzweig in der Hand zog ich von Haus zu Haus und sang Mai-Liedchen an den Haustüren. Ich glaube, ich war damals der Einzige, der das noch tat. Und ja, es kostete Überwindung, da mich das untrügliche Gefühl beschlich, mich irgendwie der Lächerlichkeit preiszugeben. Und der ein oder andere Ausspruch hinter der noch geschlossenen Haustür wie „Ach Gott, die Maimissjer ..." bestätigten meine Befürchtungen. Gefreut hat sich eigentlich kaum jemand, außer mir, solange die Einnahmen stimmten. Und mancher gab sicher auch Geld, damit ich endlich weiterging.

Hier bitte keine Werbung!

Als ich etwas älter war, verdingte ich mich quasi als Tagelöhner für alle möglichen Arbeiten. Nach der Schule half ich auf dem Wochenmarkt beim Zusammenfalten der ausgelegten und durchwühlten Kleidungsstücke. Manchmal war meine Hilfe erwünscht, manchmal wurde sie nicht angenommen. Ein Lohn wurde nie ausgehandelt. Man nahm, was man bekam. Manchmal wenig, manchmal ein paar Mark. Ich mähte Rasen, grub Gärten um und lernte dabei, warum die Kreuzhacke so heißt, wie sie heißt – ich bekam Kreuzschmerzen.

Etwas regelmäßigere Einkommen versprach das Zeitungsaustragen. Recht lange habe ich es mit der Kirchenzeitung ausgehalten. Hier musste ich auch kassieren, was immer zusätzliches Trinkgeld bedeutete. Das Mittwochsblättchen hingegen war eine ganz und gar unlösbare Aufgabe. Vom Verlag hatte es geheißen, etwa zwei Stunden Arbeit pro Woche. Mein Gebiet war der größte Teil des Luisenbergs, also nah dran, wo ich wohnte. Das hörte sich gut an. Schließlich konnte ich praktisch zu Hause anfangen. Als die erste Lieferung vor der Haustüre abgelegt wurde, der Schock. Mehrere mit Spannbändern zusammengepackte Pakete mit Zeitungen. Bleischwer. Nun gut, dachte ich, zwei Stunden. Mehr als zwei dieser Pakete konnte ich leider nicht in den Einkaufsroller laden, den ich für diesen Zweck vorgesehen hatte. Und schon mit zwei Paketen war der so schwer, dass man ihn kaum manövrieren konnte. Die Umhängetasche, die der Verlag zur Verfügung gestellt hatte, fasste nur ein Paket und war schon damit kaum noch zu tragen. Die Tasche war viel zu dünn, schlabberte am Körper herum, und der ungepolsterte Tragegurt schnürte mir die Schulter ein. Und was mir auch erst beim ersten Austragen so richtig bewusst wurde: Auf dem ganzen Luisenberg standen nur Einfamilienhäuser! Und je weiter man nach oben gelangte, desto feudaler wurden die Häuser und größer die Grundstücke. Stellenweise musste ich 50 Meter weiterlaufen, um die nächste Zeitung im Briefkasten versenken zu können. An kaum einem Haus mal ein zweiter Briefkasten. Topografie? Steil – und noch steiler! Und dann die vielen Häuser oberhalb der Straßen mit unverschämt langen Treppen oder steilen Auffahrten! Wenn man bei den vornehmen Herrschaften dann endlich bis zum Briefkasten vorgedrungen war, stand dort manchmal zu lesen: „Hier bitte keine Werbung!" Dafür mussten dann andere doppelt und dreifach einstecken. Ich stopfte in die Briefkästen, was hineinging, und wurde trotzdem nicht fertig, nicht in zwei, nicht in drei und nicht in vier Stunden. Die einzige Lösung: Ich musste die Zeitungen auf andere Art loswerden. Sie landeten dann bündelweise in fremden Mülltonnen, ich „vergaß" sie am Waldrand, oder sie rutschten die steile Böschung zu den Bahngleisen hinab. So schnell es möglich war, habe ich gekündigt.

Speis! Steine! Zement!

Es führte wohl kein Weg an „richtiger" Arbeit vorbei. Und so kam es, dass ich mich mit 14 zum ersten Mal auf einer Baustelle wiederfand. Sieben Mark Stundenlohn. Mein Vater hatte seinen Chef gefragt, ob ich ihm helfen könnte, da er einen Handlanger gebrauchen könnte. So war ich fortan in den Schulferien auf Baustellen unterwegs, anfangs mit meinem Vater, später auch mit anderen Kollegen. Ich schleppte Fliesenpakete über Rohbautreppen ohne Geländer, schaufelte Sand und Zement in Speismaschinen, kletterte mit Eimern auf hohe Leitern, schnitt Marmorplatten mit Nassschneidemaschinen, kratzte Fugen aus oder schlug mit Hammer und Meißel alte Fliesen von den Wänden.

Später wechselte ich die Firma und ging zu den Maurern. Dort war alles eine Spur größer, anstrengender und derber: Schubkarre statt Eimer, Kran statt Treppe, LKW-Ladungen statt Säcke, Hohlblocksteine statt Fliesen, Wetter statt Dach über dem Kopf, Kommandos statt höflicher Aufforderungen. Dafür verdiente ich mehr. Neun Mark die Stunde. Die harte Ferienarbeit war ein echter Glücksfall für mich. Nichts motivierte mich mehr, weiter zur Schule zu gehen, als zwei oder drei Wochen „Ferien" auf dem Bau.

Einmal arbeiteten wir in den Herbstferien am Neubau eines Einfamilienhauses. Es regnete. Jeden Tag. Von morgens bis abends. Immer wieder wurde überlegt, ob man nicht „Schlecht-Wetter" machen, also aufhören sollte. Aber es wurde weitergearbeitet. Neun Stunden täglich. Auch samstags. Wir arbeiteten in Ölzeug und Gummistiefeln. Die Finger waren nach zwei Stunden aufgeweicht, weißlich und schrundig. Die Klamotten waren täglich durch, vom Regen, vom Schweiß oder von beidem. Das, was vom Regenmantel heruntertropfte, wurde von den Hosenbeinen aufgesaugt, die nach kurzer Zeit nass und schwer an den Oberschenkeln hafteten. An den feuchten Sachen blieb der Zement- und Steinstaub kleben und verwandelte alles in einen immer steifer werdenden Kokon.

Ein Kollege brauchte plötzlich Hilfe. Er stand am lehmigen Hang des Erdaushubs, war bis zu den Knien im völlig durchweichten Boden versunken und konnte sich nicht aus seiner misslichen Lage befreien. Wir eilten gemeinschaftlich mit Schaufeln zu Hilfe und gruben ihn regelrecht aus dem Morast, wobei wir selber fast versunken wären. Den Kollegen konnten wir zwar befreien, nicht jedoch einen seiner Gummistiefel, der unauffindbar im Schlamm zurückblieb.

Frühstück und Mittag waren die Höhepunkte des Tages. Es gab einen Bauwagen, der für die Pausen etwas Trockenheit versprach. Einer musste immer fahren und Essen besorgen. Eigentlich war es immer der Geselle, der losgeschickt wurde. Gegessen wurde der Arbeit entsprechend: deftig. Eier, Speck, Schnitzel, Fleischwurstbrötchen oder heiße, vor Fett triefende Mettwurst.

Der Geselle tat mir leid. Er wurde ständig verarscht, man machte sich über ihn und auf seine Kosten lustig und ließ seinen Frust an ihm aus. Einmal ging das so weit, dass man ihn packte, festhielt, ihm eine Schaufel flach an den Hintern hielt und dort mit einem dicken Hammer draufschlug. Raue Sitten.

Auf einer anderen Baustelle musste ich als Handlanger drei Maurer gleichzeitig bedienen. Die hatten den Anbau eines Industriegebäudes bereits bis zum ersten Stock hochgezogen, als ich dort zum Zuarbeiten eingeteilt wurde. Ich hatte Mauersteine auf den mobilen Lastenaufzug zu stellen und diese nach oben zu fahren. Die Steine wurden von den Maurern abgeladen, ich fuhr den Aufzug wieder runter und lud als Nächstes eine Schubkarre voll Speis auf den Aufzug. Dann wieder Steine, dann wieder Speis. Spätestens danach war neues Material in der Speismaschine anzumischen. Das hieß: Wasser in Eimern holen, einfüllen, Sand und Zement reinschaufeln. Hoffentlich stimmte die Mischung, sonst gab es Ärger. Noch kaum fertig, tönte es längst wieder von oben: „Speis!", „Steine!", „Zement!", „Wo bleibst du, Junge?" So ging das den ganzen Tag. Irgendwann war ich so entkräftet, dass ich auf dem Weg zum Aufzug mit samt der vollen Schubkarre umkippte und sich der mühsam hergestellte Inhalt in die Landschaft ergoss. Also, noch etwas schneller eine neue Mischung machen und ein nächster Versuch. „Wo bleibt der Speis, Junge?"

Dat is 'ne Bombe!

Auf der ersten Baustelle, wo ich meine Karriere als Ferienarbeiter begann, baute der Chef für sich selbst ein neues Haus auf dem Luisenberg. Dort waren gerade die Erdarbeiten zugange. Ein Bagger hob die Baugrube aus, als der Baggerfahrer von einem anderen Arbeiter mit wilden Gesten und lauten Rufen zum Innehalten aufgefordert wurde. Als der Motor herunterdrehte und leiser wurde, konnte ich die Rufe des Arbeiters verstehen: „Aufhören! Da liegt eine Bombe!" Und das, was da halb aus der Erde ragte, sah tatsächlich so aus. Der Baggerfahrer verließ seine Maschine und sprang in die Baugrube. Ich erwartete, dass er sich das Ding nun näher ansehen würde. Doch er begann, an dem Gegenstand herumzufuhrwerken. Mit den Händen legte er den großen Metallkörper frei, hob das Teil aus dem Dreck, wuchtete es hoch vor seine Brust und trug es aus der Baugrube nach oben. Dort warf er das Ding auf den Dreckhaufen in die

Sonne. Lapidar bestätigte er: „Jo, dat is 'ne Bombe!"

Polizei und Kampfmittelräumdienst rückten an, Häuser wurden evakuiert, alle Arbeiter der Baustelle mussten sich hinter die Kuppe des nahe gelegenen Waldes zurückziehen, und dann wurde der Blindgänger entschärft. Nach geglückter Aktion lag er mit herausgedrehtem Zünder auf der Pritsche des Spezialfahrzeuges, mit dem der Räumdienst angerückt war.

Toilettenprobleme

Ein ständiges Problem auf Baustellen war ein ganz und gar menschliches, denn es war längst nicht üblich, dass dort mobile Toilettenhäuschen aufgestellt waren. Was aber, wenn man es nicht mehr aushalten konnte? Also, mal irgendwo in ein vorhandenes Rohr oder hinter einer Wand in den Graben zu pinkeln, war nicht das Problem. Aber was, wenn ich – wie einmal – mehr loswerden musste? Dann waren plötzlich Kompetenzen vonnöten, die ich bislang nirgends erlernt, geschweige denn erprobt hatte. Hinter dem Haufen mit Bauschutt gab es genau einen Versuch, in der Hocke, mit heruntergelassener Hose, die Ausscheidungen so zu steuern, dass die flüssigen und festen Stoffe, die den Körper verließen, zielgerichtet an der Kleidung vorbei ihren Weg auf die Erde fanden. Überdies musste ich mich dabei beeilen. „Hinter dem Dreckhaufen" hieß nicht automatisch, dass dort niemand hinsehen konnte. Und wer will schon in einem so intimen Moment von plötzlich auftauchenden Zuschauern beäugt werden? Die Profis unter den Bauarbeitern kannten weitere Möglichkeiten für solche Fälle, leere Zementsäcke beispielsweise. Das auszuprobieren, blieb mir in meiner Freizeitkarriere als Bauarbeiter glücklicherweise erspart.

Einmal verursachte ich selber ein Problem völlig entgegengesetzter Art. Im Badezimmer eines Kunden waren nach einer Reklamation Ausbesserungsarbeiten vorzunehmen. Fugen waren rissig und mussten erneuert werden. Wir räumten das Bad so gut es ging frei, um vernünftig arbeiten zu können. Am Rand stand ein Gegenstand aus Kunststoff, in Form und Größe etwa einer mittleren Blumenvase entsprechend. Was das wohl war? Ich nahm es vom Boden auf und betrachtete das Teil. Rillen an der Oberseite. Sonst geschlossen. Ich hatte keine Ahnung. Noch nie gesehen. Vielleicht stand was drunter?! Also drehte ich das Ding um. Fehler. Schlimmer Fehler! Ein türkisfarbener dickflüssiger Saft ergoss sich über mein rechtes Hosenbein. Die Flüssigkeit roch so unfassbar bestialisch, wie man es sich überhaupt nicht vorstellen kann. Einfach widerlich. Es musste sich zweifelsohne um ein „Duft"-Konzentrat gehandelt haben, das dort im Langzeitspender im Bad gestanden hatte und sich nun zur Hälfte auf meiner Hose befand. Ich war entgeistert. Das Zeug war scharf auf der Haut, die Hose war durchnässt, und ich verströmte einen die Nase beleidigenden, abscheulichen Geruch in einer Duftnote irgendwo zwischen Desinfektionsmittel und Klosteinen. Der Arbeitstag war gelaufen. Da wir aber zu zweit auswärts arbeiteten, konnte ich weder eine neue Hose beschaffen, noch die Arbeit abbrechen. Es blieb uns nichts anderes übrig, als den entsetzlichen Geruch zu ertragen, bis die Arbeit getan war. Auch die lang herbeigesehnte Rückfahrt im Auto war selbst bei offenem Fenster kaum auszuhalten.

Die Hose musste ich wegwerfen. Mehrere Wäschen konnten den Gestank nicht beseitigen. Und ich konnte nicht die leichteste Brise dieses Geruchs noch ertragen. Mir wurde schon übel, wenn ich nur daran dachte.

Gabelstapler

Für einen Ferienjob im Sommer bekam ich einen Spezialauftrag von der Firma Fliesen-Meister, wo ich mal wieder arbeitete. Der Chef hatte wohl ausgerechnet, dass durch einen Coup ein großartiges Geschäft zu machen sei. Er hatte den Auftrag bekommen, die Fassade eines größeren Hauses zu verklinkern. Allerdings nicht mit vollen Klinkersteinen, sondern mit „Riemchen", die dünner waren und lediglich auf die Fassade aufgeklebt wurden, statt davor gemauert zu werden. Das Haus würde verklinkert aussehen, die Fassade wäre dauerhaft geschützt, nur dass es eben keine echte Klinkerwand war. Dies hatte vor allem einen immensen Kostenvorteil.

Um das Geschäft zu optimieren, ersann der Chef, dass man die Riemchen auch in Eigenregie herstellen könnte, anstatt sie teuer einzukaufen. Die Idee war, volle Klinkersteine in der Mitte zu durchtrennen, wodurch man mit der linken und rechten Hälfte zwei Riemchen erhielt und diese für die Ausführung des Auftrages verwenden könnte. Die Rechnung musste trotz des hohen Arbeitsaufkommens für das Schneiden der Steine einen überzeugenden Zusatzgewinn versprochen haben, denn ich wurde gefragt, ob ich in den Ferien Zeit hätte. Nach meiner Zusage bestellte der Chef einen kompletten LKW voller Klinkersteine, der die Ware direkt aus dem Werk in Holland anlieferte. Ich meine, es wären 20 000 Steine gewesen. Am Ende sollten aus diesen dann entsprechend 40 000 Riemchen werden.

Ferienbeginn. Ich bekam eine Nassschneidemaschine auf das Lager des Firmengeländes hingestellt und wurde in die Arbeit eingewiesen. Es ging ganz einfach. Einen Klinkerstein auf den Schlitten stellen und langsam unter dem Sägeblatt hindurchschieben. Fertig. Dann die beiden Hälften des durchtrennten Steins auf einer neuen Palette aufstapeln. Nächster Stein. Nach ein paar Hundert Stück musste das Wasser der Maschine gewechselt und der enthaltene Schlick aus Steinmehl entfernt werden. Mehr war nicht zu tun. Außer, sich immer mal wieder selber trockenzulegen, denn der Sprühnebel durchtränkte das T-Shirt und alles andere.

Die Tage vergingen. Stunde um Stunde stand ich an der Maschine. Das erste Diamant-Sägeblatt war runter und wurde gewechselt. Das neue sollte haltbarer sein und hatte angeblich stolze 600 Mark gekostet. Das würde eine Zeit lang halten, war sich der Chef sicher. Und das war auch wichtig, denn die nächsten Tage würde ich mehr oder weniger alleine arbeiten. Es waren Sommerferien. Josef, der spanische Lagerist, war in die Heimat gereist, und auch die meisten Arbeiter sowie die Sekretärin hatten jetzt Urlaub. Der Chef wollte ebenfalls ein paar Tage weg und ich war tagsüber alleine. Abends kam der eine oder andere Arbeiter vorbei, der nicht im Urlaub war, stellte Sachen ab oder nahm neues Material mit. Einer war beauftragt, das Firmengelände und die Halle abends abzuschließen.

Tagsüber war niemand mehr in Reichweite, der mich hätte hören können, wenn ich mich an der Maschine oder anderswie verletzt hätte. Darüber machte ich mir allerdings keine Gedanken, denn wenn ich früher alleine durch den Wald gezogen war, hatte ich auch keine Aufpasser bei mir.

Das Sägeblatt hielt, was der Chef versprochen hatte und

damit viel länger, als mir lieb war. In der Hoffnung, dass das Blatt irgendwann abgenutzt sein würde, freute ich mich auf die anschließenden Ferien. Und nach mehr als zwei Wochen und zigtausend Steinen hatte ich absolut keine Lust mehr. Arbeit war indes noch genügend vorhanden. Aber ich sollte ja erst aufhören, wenn auch das neue Sägeblatt abgenutzt war. Ich nahm es prüfend in den Blick. Vielleicht fehlten zwei oder drei Millimeter – mehr aber nicht. Was sollte ich nur tun, um mich von dieser Arbeit zu erlösen? Ich musste das Blatt irgendwie stumpf bekommen! Nur wie? Was gab es härteres als Diamant? Diamant!!! Die Idee! Das alte Blatt! Es musste noch irgendwo im Container liegen. Ich stieg also in den großen Abfallcontainer, kramte leere Eimer, eingetrockneten Zement und Fliesenverschnitt aus dem Weg und suchte das verschlissene Sägeblatt. Das würde ich benutzen, um das neue Blatt runterzuarbeiten.

Die Suche war erfolgreich. Ich hielt das Sägeblatt in den Händen. Am Rand waren noch Reste der vormaligen Diamantbeschichtung erkennbar. Das musste gehen! Ich ersann mir eine Vorrichtung, wie ich das Blatt möglichst sicher in die Maschine einführen konnte, ohne dass es mir um die Ohren flog. Und dann sägte das 600 Mark teure Diamantblatt in das alte Blatt hinein und hinterließ erst in der Diamantschicht und später im Stahl einen richtigen Spalt! Das Sägeblatt hatte gerade eine bestimmt drei Millimeter dicke massive Stahlscheibe eingeschnitten! Puh. Das musste Wirkung gezeigt haben! Ich stoppte die Maschine, um das Sägeblatt begutachten zu können. Leider war die Aktion ohne sichtbaren Erfolg geblieben. Es war kein Vergang daran festzustellen. Auch nach weiteren Schnitten nicht. Das war frustrierend. Enttäuscht und gleichzeitig fasziniert von der Qualität des Sägeblattes brach ich mein Vorhaben ab. Das alte wanderte wieder in den Container, aber so, dass es niemand finden und komische Fragen stellen konnte.

Es musste andere Möglichkeiten geben, den tristen Arbeitsalltag auf dem Lager von Fliesen-Meister mit Abwechslung zu bereichern. In den Pausen, die ich immer öfter einlegte, schlenderte ich über das Lager. Bald kannte ich alle Arten dort gelagerter Fliesen, Marmorplatten, Steinstufen, Zementsäcke, Fliesenkleber, Werkzeuge, Maschinen und alles Sonstige.

An einem Tag stand der Gabelstapler vor der Halle. Jemand

hatte ihn wohl morgens gebraucht und dort stehen gelassen. Ich setzte mich auf den gefederten Ledersitz und betrachtete die Kennzeichnungen der verschiedenen Hebel für die Gabel und alle sonstigen Funktionen. Ob es schwer war, den zu steuern? Der Schlüssel steckte. Ich könnte ihn wenigstens mal anlassen, befand ich. Dass man den Diesel vorglühen musste, wusste ich. Und alsbald lief der Motor. Danach konnte ich in aller Ruhe ausprobieren, wie man die Gabel hoch- und runterfuhr, wie man sie nach vorne oder hinten kippte. All das fand ich nicht wirklich schwierig. Und auch die Kennzeichnung der beiden Fahrtrichtungen war eindeutig, vorwärts – rückwärts. Es gab ein Gaspedal und eine Bremse. Keine Kupplung. Das war sicher eine leistbare Aufgabe. Ich besaß zwar noch keinen Autoführerschein, aber das hier war ja auch nur ein Gabelstapler. Ich fuhr die Gabel ein Stück nach oben, um nicht irgendwo hängen zu bleiben, legte den Vorwärtsgang ein und fuhr langsam los. Es war genauso einfach, wie ich erwartet hatte. Und es dauerte nicht lange, da fuhr ich immer, wenn ich keine Lust mehr auf Steineschneiden hatte, ein paar Runden mit dem Gabelstapler über den Hof.

Manchmal übte ich auch, zwischen den abgestellten Paletten zu rangieren, manövrierte in die unmöglichsten Lücken hinein oder nahm Paletten voller Steine auf, fuhr sie durch die Gegend und setzte sie später wieder ordentlich ab. Die Beschleunigungs- und Verzögerungswerte des kleinen Fahrzeugs waren beeindruckend. Der Motor machte richtig Spaß, hatte Kraft ohne Ende, und dennoch konnte man das Ding mit dem Knauf auf dem Lenkrad, wenn es drauf ankam, ganz feinfühlig bewegen.

Ich wurde mutiger und sicherer. Während einer Mittagspause beschloss ich, die Runden mit dem Stapler über das Firmengelände hinaus auszudehnen. Vor der Firma Fliesen-Meister gab es eine Industriestraße, die noch zu einer anderen Firma führte. Aber auch hier war nichts los, und ich war mir sicher, dass ich ohne Probleme eine Spritztour mit dem Motorgerät machen könnte. Und dann heizte ich eine halbe Stunde lang in dem kleinen Gabelstapler Vollgas die Straße auf und ab. Durch die harte Federung fühlte es sich beinahe so an, als säße ich in einem Sportwagen. Der Motor bedankte sich fürs Freifahren, er wurde allerdings ganz schön heiß dabei. Eine letzte Runde noch, dann würde ich wieder auf das Firmengelände einbiegen. Ich drückte das Gaspedal voll durch und wollte – wie damals mit meinem Kettcar –, ohne zu bremsen, die Einfahrt nehmen. Mit dem Knauf auf dem Lenkrad ließ sich das Gefährt blitzschnell einlenken. Doch damit hatte ich die physikalisch möglichen Spielräume für Lenkmanöver überschritten. Ich merkte, wie sich während der Kurvenfahrt der Stapler seitwärts neigte, die Räder an der gegenüberliegenden Seite in der Luft standen und das ganze Gefährt zu kippen anfing. Panikartig riss ich meinen Fuß vom Gaspedal hoch, was zu meinem Überlebensglück dazu führte, dass automatisch die Bremse des Staplers betätigt wurde. Das tonnenschwere Teil kam zum Stehen und kippte zurück auf die Räder.

Da stand ich eine Weile und wartete, bis der Schreck so weit abgeklungen war, dass ich den Stapler zurück vor die Halle fahren konnte. Gesehen hatte mich offenbar niemand. Und geholfen hätte mir wohl auch niemand.

Jahre später musste ich in der Zeitung die tragische Geschichte eines jungen Mannes lesen, der bei einem ähnlichen Manöver ums Leben gekommen war. Die Arbeit hatte ich übrigens nicht zu Ende geführt. Jemand anderes stand weitere zwei Wochen an der Maschine und schnitt von morgens bis abends Steine.

Personenbeförderungsschein

Ich wurde zum Wehrdienst einberufen. Zur Bundeswehr wollte ich aber nicht. Ich hatte keine Lust auf „Disziplin", Gewaltmärsche und wochenlange Langeweile. Nach der Grundausbildung hingen doch alle nur noch besoffen herum und zählten die Tage, wie man so hörte. Also verweigerte ich und ließ mich zu 20 Monaten Zivildienst verpflichten. Ich wollte zur Rettungswache und Krankenwagen fahren. Das fand ich sinnvoll und interessant. Dabei musste sich allerdings noch herausstellen, ob ich dafür geeignet wäre, denn jedes Mal, wenn ich selber eine Spritze bekam oder mir Blut abgenommen wurde, wurde mir schwarz vor Augen, und mein Kreislauf verabschiedete sich für die nächsten 30 Minuten.

Zur Vorbereitung gehörte, dass man einen Personenbeförderungsschein beantragte. Den stellte man mir aus. Aufgrund der Nachlässigkeit des Verwaltungsmitarbeiters aber wurde in den zu streichenden Zeilen der Bescheinigung der Eintrag „Taxi" übersehen. Dieser war neben „Krankenkraftwagen" nicht durchgestrichen worden. Das Fahren von Krankenwagen für 18-Jährige war ohnehin nur als Sonderregelung für Zivildienstleistende zulässig; wie sonst ließe sich annehmen, dass man mit einem frischen Führerschein den Straßenverkehr mit Blaulicht und Martinshorn aufmischen durfte? Für Taxis gab es keine solche Sonderregelung. Man musste mindestens 21 sein, zwei Jahre Fahrpraxis besitzen und je nachdem sogar Ortskenntnisse nachweisen.

Ich hatte noch ein paar Monate Zeit bis zum Zivildienst. Was sprach dagegen, sich Geld mit Taxifahren zu verdienen? Dass ich erst 19 war und unmöglich zwei Jahre Fahrpraxis haben konnte, war jetzt kein Hemmnis, ich hatte ja den Schein! Also fuhr ich Taxi. Ich verdiente damit zwar wieder nur sieben Mark die Stunde, aber je zur Hälfte Herumsitzen und Autofahren waren keine Arbeit, sondern Freizeitvergnügen, zumal für Geld. Außerdem sammelte ich Fahrpraxis und lernte die Gegend kennen. Bis zum Beginn des Zivildienstes kannte ich bereits die umliegenden Städte und Dörfer, die Krankenhäuser, Arztpraxen, Kneipen, Bahnhöfe und Bordelle.

Rettungszivi

So richtig Auto fahren lernte ich dann auf der Rettungswache. Dort gab es viele erfahrene Kollegen, die für mich schnell zu Helden und Vorbildern wurden. Auto fahren konnten alle wie die Weltmeister. Derjenige, der in Sachen Fahrmanöver als Ausnahmetalent galt, war der dicke Micha. Mit dem musste man mal mit Blaulicht mitgefahren sein, um zu verstehen, was seinen Ruf begründete. Der Mann war mit Motoren aufgewachsen, pflegte „seinen" Krankenwagen wie ein Baby und konnte fahren, wie ich es mir bis dahin nicht vorzustellen vermocht hatte. Von ihm habe ich mir im Laufe der Zeit vieles abgeguckt, wenngleich ich nicht wirklich an seine Fähigkeiten herankam. Aber das konsequente Ausloten des Grenzbereichs, das Fahren und Bremsen bis auf minimalste Abstände, das Einschätzen sich dynamisch verändernder Fahrlücken, das schnelle Zurückschalten mit Zwischengas oder das Beschleunigen bis ans Drehzahllimit waren Dinge, die ich mir anzueignen versuchte. Am Ende hatte ich überwiegend Erfolg damit. Für die zwischenzeitlichen Schäden in meinem Lernprozess galt die Devise: „...ist ja nicht dein Auto!"

Für die Ausbildung und Prüfung zum Rettungssanitäter ging es für einige Wochen nach Manhausen und Bad Gerbrecht. Außer mir waren noch andere Zivis von der Wache mit dabei. Mit Fahren wechselten wir uns wochenweise ab.

Während eines der ersten Seminare wurde gelehrt, wie man einen venösen Zugang legt. Außerdem wurde ein Freiwilliger gesucht, an dessen Hand man das in realis zeigen wollte. Alle Vorbereitungen wurden beschrieben und gewissenhaft durchgeführt: Infusionsbesteck in die Flasche stecken, Schlauch entlüften, Venen stauen, Handrücken desinfizieren, Braunüle und Pflaster bereithalten. Der anschließende praktische Versuch wurde vom Ausbilder simultan kommentiert, wie die Nadel den Widerstand der Haut durchdringt, in die darunterliegende Vene vorgeschoben wird, das venöse Blut sichtbar wird und – mir wurde schlecht. Mein Gesicht nahm die Farbe der Schutzkleidung an, und ich musste mich setzen. Ein angehender Rettungssanitäter, der einen Tropfen Blut sieht und umkippt?! Ich wurde gefragt, ob ich jetzt die Infusion bräuchte. Man könne mir da helfen. Ich habe dankend abgelehnt.

Die Zweifel an meiner Tauglichkeit nagten so lange an mir, bis ich später in den OP- und Ambulanz-Praktika alle Arten von geplant oder ungeplant geöffneten Körpern sah und mir klar wurde, dass es mir eigentlich nichts ausmachte.

Marco Farkas von den „Skorpions"

Mein Zivi-Kollege Marco Farkas hatte solche Sorgen nicht. Er besaß ein nicht zu beeindruckendes Selbstbewusstsein. Während der Zeit im OP sollten wir lernen, wie man intubiert, damit die Patienten beatmet werden konnten. Dazu musste man den Zungengrund mit einem speziellen Instrument so weit anheben, dass man die Luftröhre sehen und den Tubus zur Beatmung dort einführen konnte. Dabei war unter anderem darauf zu achten, dass man mit dem etwas sperrigen Instrument keine Verletzungen im Mundraum verursachte oder gar die Zähne beschädigte. Marco hatte nicht vorsichtig gearbeitet. Der Patient blutete im Mund. Der Anästhesist rügte den jungen Auszubildenden: „Herr Farkas, Sie haben gehebelt!" Dessen Antwort: „Quatsch – der hat Parodontose!" Und mit solch frechen Sprüchen kam er durch!

Abends gingen wir zusammen aus. Marco hatte auf einer unserer abendlichen Touren die Idee, dass man nach Rheingarten in die Spielbank fahren könnte. Wir anderen fanden das unangemessen, weder kannten wir uns mit Glücksspiel aus, noch wussten wir, wie man sich dort zu verhalten hatte. Außerdem besaßen wir nicht so viel Geld, dass man wer weiß was verspielen konnte. Aber Marco war unbeirrt, er meinte, dass man da ruhig mal hinsollte, um eine Runde Roulette zu spielen. Und weil er am Steuer saß, blieb uns nichts anderes übrig, als mitzukommen.

Wir stiegen aus und schritten mit leicht ungutem Gefühl die herrschaftliche Treppe zur Spielbank hinauf. Wir betraten die Eingangshalle und fühlten uns in unseren Bedenken bestätigt. Hier gehörten wir nicht hin, in diese Halle mit Mosaikboden, Marmorsäulen, holzvertäfelten Wänden, Wandgemälden und Statuen. Nur Marco schritt zielstrebig auf die Dame am Empfang zu, legte 20 Mark auf den Tresen und gab an, dass wir hier wären, um das „Große Spiel" zu machen. Etwas ungläubig wies uns die Dame auf die Kleiderordnung hin. Marco wollte das nicht gelten lassen und bestand darauf, dass wir Einlass bekämen. Freundlich wurde uns erklärt, dass wir ein Hemd mit Kragen sowie ein Jackett tragen müssten. Marco gab keine Ruhe und sagte, wir seien jetzt extra gefahren, um hier zu spielen. Die Dame bot an, dass wir uns Jacketts leihen könnten. Jetzt wurde Marco ungehalten. Ob sie überhaupt wüsste, mit wem sie es zu tun hätte? Er sei schließlich Marco Farkas von den „Skorpions", und er käme mit seinen Leuten immer so in jede Spielbank. Was ihr einfiele, uns abzuweisen? Die Dame bekundete etwas betroffen ihr Bedauern, bestand aber darauf, dass sie nichts tun könne, solange wir nicht mindestens ein Jackett trügen. Aufgebracht verließ Marco gemeinsam mit uns die Spielbank, nicht jedoch ohne den Hinweis an die Dame, dass sie noch von uns hören würde.

Polizeikontrolle!

Ein andermal war ich mit Fahren dran. Nach Feierabend hatten wir in der Unterkunft schon ein paar Bier getrunken, mussten dann aber Nachschub beschaffen. Also fuhren wir spontan, schon leicht belustigt, in Richtung Stadt, um Bier zu kaufen. Angeschnallt waren wir nicht, hinten gab es keine Gurte, und für das kurze Stück lohnte es sich meiner Meinung nach auch für vorne nicht. Als Fahrer im Taxi oder Rettungswagen musste man ohnehin nicht zwingend den Gurt anlegen.

Die fehlende Orientierung und ein Irrweg veranlassten uns zu drehen. Hierzu setzte ich in eine Straße zurück. Kurz nachdem ich wieder ausgefahren war, wurden wir angehalten. Polizei: „Machen Sie mal das Fenster runter!"

Ich sei falsch herum in eine Einbahnstraße gefahren, wurde mir vorgeworfen. Ich gab an, dass ich nur wenden wollte und lediglich zurückgesetzt hätte. Aber das wollte der Polizist nicht gelten lassen. Er beharrte auf seiner Feststellung, dass ich in die falsche Richtung gefahren sei. Meine Papiere sollte ich vorlegen. Die aber hatte ich dummerweise nicht dabei! Und angeschnallt war ja auch keiner von uns. Ob wir Alkohol getrunken hätten, wollte der Polizist wissen, er würde das riechen können! Ich verneinte das für meine Person und gab an, dass lediglich meine Freunde im Auto Bier getrunken hätten. Was wir in Manhausen zu suchen hätten, wurden wir weiter ausgefragt. Ich konnte verstehen, dass die Polizei bei vier angetrunkenen Männern in einem schrottreifen Benz mit einem fremden Kennzeichen misstrauisch reagierte. Die Stimmung allerdings änderte sich, als wir den Grund unseres Aufenthaltes angaben: „Wir werden hier in Manhausen zu Rettungssanitätern ausgebildet." Um zu prüfen, ob unsere Aussagen stimmten, mussten wir angeben, wo genau das stattfand und wo wir untergebracht wären. Danach ließ uns die Polizei weiterfahren! Die einzige Auflage war, am nächsten Tag den Führerschein auf der Wache vorzulegen. Und so kamen wir tatsächlich mit mindestens vier Verstößen gegen die Straßenverkehrsordnung ungestraft davon!

Dazu muss man wissen, dass zwischen den Mitgliedern der verschiedenen Organisationen gegenseitiger Respekt vorherrscht. Wenn's drauf ankommt, arbeitet man für- und nicht gegeneinander. Im Zweifel nimmt man sich sogar in Schutz. Polizei, Feuerwehr und Rettungsdienst sind in vielen Situationen, wie beispielsweise bei Verkehrsunfällen, einfach zu sehr aufeinander angewiesen.

Dieser Vorteil wurde mir auch später das eine oder andere Mal zuteil. Einmal wurde ich mit einem Krankenwagen im Ort geblitzt und rausgewunken. Nach Abzug der Toleranz blieben im Messprotokoll 63 gültige km/h. Wir hatten ein altes Ömchen als „Sitzendtransport" hinten im Fahrzeug, das wir vom Krankenhaus nach Hause fuhren. Eine Entlassungsfahrt also. Der Polizist nannte mir die Fakten und stellte fest, dass ich deutlich zu schnell unterwegs gewesen sei. Wie ich das erklären würde. Was sollte ich dazu sagen? Die Zahlen sprachen für sich. Voller Schuldbewusstsein stammelte ich mir etwas zurecht. Aber während ich sinnierte, dass ich jetzt wohl mit Bezahlen dran sei, wurde mir eine freundliche Brücke gebaut. Ob wir „im Einsatz" wären, wollte er wissen. „Nun ja", sagte ich, „wir haben einen Patienten hinten drin!" „Und das ist dringend, nehme ich an?!" „Nun ja, die Frau muss ..." „Also dringend, verstehe. Dann fahren Sie mal weiter!", befand der Polizist und beließ es bei einer freundlichen Ermahnung.

Ein anderes Mal wurde ich in Anderstadt angehalten. Ich war privat unterwegs und mein alter Benz machte ganz fürchterliche Lenkgeräusche. Er hatte mit Sicherheit einen ernsthaften Schaden. Den kaschierte ich temporär, indem ich alle paar Tage mit einer Kanüle WD-40 in die Manschetten des Lenkgestänges spritzte. Damit waren die Geräusche kurzzeitig erträglicher. Auch der Auspuff hatte ständig eine neue zu flickende Stelle und röhrte. Der Motor ölte und verlor Kühlwasser. Dicht war der Wagen eigentlich nur, was das Regenwasser im Fußraum anbelangte, das floss zwar rein, aber nicht wieder raus. Anfangs hatte ich für diesen Problemfall immer einen Schwamm im Fußraum liegen, mit dem ich das Regenwasser aufnehmen und hinausbefördern konnte. Später wurde mir das zu aufwendig, und ich bohrte einfach ein Loch durch das Bodenblech, durch das die Brühe ablaufen konnte.

Der Wagen wurde von dem Polizisten kritisch begutachtet. Er entdeckte den Notfallkoffer auf dem Rücksitz und den Aufkleber „Rettungssanitäter" auf der Frontscheibe. Ob ich Sanitäter hier auf der Wache sei, wollte er wissen. Ich bejahte, womit ich die Prüfungszeit für den Wagen sicherlich halbiert haben dürfte. Er fragte, ob mit dem Auto alles in Ordnung sei, was ich ebenfalls bejahte. Dann aber wollte er sich doch selber überzeugen und wies mich an, die Handbremse anzuziehen. Also, wenn es eine Sache gab, die an dem Auto noch wirklich funktionierte, dann war es die Handbremse! Oder, besser gesagt, die Feststellbremse, die man mit dem linken Fuß betätigte. Das Auto stand fest wie angenagelt und der Polizist war zufrieden. Ich sollte den Motor anlassen, was nach kurzer Zeit des Vorglühens auf Anhieb gelang. Der Auspuff sei zu laut, danach sollte ich schauen lassen. Das sei in Arbeit, versicherte ich ihm, was nicht gelogen war, denn das Auto war ständig in Arbeit. Danach war die Prüfung beendet und ich durfte weiterfahren.

Doch es gab ein unangenehmes Problem. Um aus der Haltebucht zu steuern, musste ich die Lenkung stark einschlagen. Das metallische Quietschen ging durch Mark und Bein. Der Polizist nahm erbost seine Hände an die Hüften und blickte mir noch lange fassungslos hinterher, wie ich im Rückspiegel beobachten konnte.

Manchmal hatte ich auch mehr Glück als Verstand. Ich war mit einem Fahrzeug unterwegs, das man für Besorgungs- und Untersuchungsfahrten nutzte, bei denen keinerlei medizinische Ausrüstung erforderlich war. Es war ein einfaches Serienfahrzeug ohne erkennbare Embleme der Hilfsorganisation. Ich war alleine und musste auf niemanden Rücksicht nehmen. Unterwegs begegnete mir ein Auto, das Signale per Lichthupe gab. Damals ahnte ich nicht, was man mir mitteilen wollte. Der Wagen vor mir fuhr die kurvenreiche Strecke daraufhin sehr vorsichtig weiter, viel zu langsam, wie ich fand. Was sollte schon sein? Die Straße war doch frei. Es nervte. Wann könnte ich endlich überholen? Da, kurz vor dem Ortseingang ein gerades Stück. Jetzt drauf aufs Gas! Ich zog auf der linken Spur vorbei und ließ den Wagen sowie das Ortsschild mit 80 hinter mir. Direkt dahinter standen sie. Doch dem Auto, das da gerade mit unverantwortlich überhöhter Geschwindigkeit an ihnen vorbeirauschte, konnten die Polizisten nur mit ungläubigen Blicken hinterherschauen. Warum hatten sie mich nicht erwischt? Es gab nur eine Erklärung dafür. Offenbar musste ich mich in dem Moment, als ich die Blitze passierte, noch auf der Gegenfahrbahn befunden haben, wodurch ich nicht erfasst wurde! So viel Glück musste man bei aller Dummheit erst mal haben. Ich schätze, hier hätte mich meine rote Sani-Jacke nicht mehr gerettet.

Die Rettung naht

Die Rettungswache war dem Anderstädter Krankenhaus angegliedert. Der Chefarzt der Anästhesie war gleichzeitig Mitglied der Prüfungskommission für Rettungssanitäter. Offenbar ging es ihm um Ruf und Ehre, dass sich die angehenden Sanis seines Krankenhauses während der überregionalen Prüfung nicht blamierten. Er nahm sich Zeit und unterrichtete uns zusätzlich zu den üblichen Lehrgängen, was wir überaus schätzten. Wir wussten, dass er ein herausragender Arzt war. Menschlich und in Sachen Frauenbild vielleicht nicht ganz so herausragend, wie man an einer Vielzahl ihm nachgesagter Sprüche erahnen konnte, die zum größten Teil unfassbar sexistisch waren. Wir aber mochten seine derbe Art, die sehr unterhaltsam war. Bei einer Lektion mussten wir nachfragen, weil uns das von ihm beschriebene Vorgehen extrem riskant vorkam. Was, wenn dabei etwas schiefging, fragten wir ihn. „Ja glauben Sie etwa, ich habe noch keinen umgebracht?", war seine Antwort. Wir schauten ihn ungläubig an. Er meinte das ernst. Selbstverständlich hätte er auch den Tod von Menschen zu verantworten. Mit dem Risiko, lebensbeendende Fehler zu machen, müssten wir als Sanitäter auch leben können, das sollte uns hoffentlich klar sein.

Später war er tatsächlich als Mitglied der Prüfungskommission anwesend. Für meinen Partner und mich gab es eine realistisch gestellte und geschminkte Amputationsverletzung zu versorgen. Alles gelang wie aus dem Lehrbuch. Einzig dass ich in der simulierten Situation die Spritze auf dem Boden abgelegt hatte, erregte das Missfallen des Anästhesisten. Bei der Bekanntgabe des Prüfungsergebnisses fragte er mich vor versammelter Kommission mit einem sarkastischen Grinsen im Gesicht, in welchem beschissenen Krankenhaus und bei welchem miserablen Arzt ich denn gelernt hätte, eine Spritze ohne weiteren Schutz auf die Erde zu legen. Da konnte ich schlecht „bei Ihnen" sagen und hielt lächelnd meine Klappe.

Die Arbeit als Rettungssanitäter gefiel mir. Mit all dem Spektakel und der Dramatik kam ich als Sensationsjunkie voll auf meine Kosten. Die Fahrten mit Sondersignal waren am besten. Hierbei stieg der Adrenalinspiegel ins Unermessliche. Der pure Rausch. Alle Sinne hellwach, die Reaktionsfähigkeit übermenschlich. Schade, wenn man auf dem Rückweg mit einem Patienten im Auto nicht mehr so schnell fahren konnte.

Die Fahrten ohne weitere Personen waren ohnehin die berauschendsten. Dazu kam es zum Beispiel, wenn irgendwo dringend Blut zu holen oder eine Gewebeprobe zur Untersuchung in ein anderes Krankenhaus gebracht werden musste, während der Patient unter Narkose blieb und das OP-Team auf das Ergebnis wartete. Dann kachelte man alleine mit der Lizenz zum Rasen und ohne einschränkende Bedingungen durch die Landschaft. Meine allererste solche Fahrt musste allerdings einem erschreckten Passanten ziemlich kurios vorgekommen sein. Man versetze sich in die Lage des Mannes, der abends im Dunkeln nichts ahnend auf einem Gehweg unterwegs ist, als ein Krankenwagen mit Blaulicht und Martinshorn von hinten heranbrettert, dann plötzlich eine Vollbremsung hinlegt und neben dem Mann zum Stehen kommt. Blaulicht und Motor laufen weiter. Das Seitenfenster wird heruntergefahren und ein junger Fahrer fragt den konsternierten Passanten, ob das der richtige Weg zum Engelsstift sei. Zum Glück wusste der Mann Bescheid, ich konnte das Martinshorn wieder einschalten und die Fahrt fortsetzen.

Kreuzblut

Ich sollte mir den „28er" volltanken. Eine dringende Fahrt zur Blutbank nach Bad Gerbrecht stünde an. Gut 150 Kilometer mit Knallgas hin und wieder zurück. 300 Kilometer garantierter Fahrspaß. Der „28er" war Michas Auto, der schnellste damals verfügbare Wagen. Mercedes 280 TE W 123 in der Langversion als Krankenwagen. Sechszylinder, 185 PS. Trotz hohem Aufbau und ebenso hohem Gewicht bis an die 200 km/h schnell. Die linke Spur wäre die meine. 70 Liter fasste der Tank. Ich machte ihn randvoll.

Die Proben des Empfängerblutes bekam ich in einer kleinen Styroporbox ausgehändigt. Die Blutbank würde vor Ort aufwendige Kreuz-Untersuchungen zur Verträglichkeit durchführen, und danach könnte ich nach einiger Wartezeit mit den passenden Konserven wieder zurückfahren. Mit Blaulicht natürlich.

Es gab allerdings einen Umstand, der dieser Fahrt eigentlich hätte entgegenstehen müssen. Der 28er hatte gerade einen neuen Motor bekommen und stand nun tatsächlich den allerersten Tag wieder auf dem Hof. Eigentlich waren die hochwertigen Mercedes-Motoren unverwüstlich. Aber da den Autos häufig vom Start weg – mit noch kaltem Motor – die maximale Leistung abverlangt wurde, kam es vor, dass selbst die robustesten unter ihnen kaputtgingen.

Micha war wenig erfreut. Er hatte seinen Wagen endlich zurück – und ich, ein Zivildienstleistender, sollte ihn als Erster fahren!? Der Motor war flammneu und noch nicht eingefahren. Ich sollte wenigstens mit Bedacht fahren, gab er mir mahnend zu bedenken. Aber wie sollte das mit Blaulicht gehen? Und „dringend" hieß schließlich „dringend". Also gab ich Gas und fuhr so schnell, wie es die Ampeln, Bahnübergänge, Kreuzungen, Straßen und Autobahnen jeweils zuließen und wie ich es unter Abschätzung meines fahrerischen Könnens verantworten konnte. Spätestens nach dieser Fahrt würde der Motor ordentlich eingefahren sein.

Und dann ging es ab mit der Luzie. Alle anderen Verkehrsteilnehmer wurden zerblasen und suchten freiwillig den rechten Straßenrand auf. Auf der Autobahn gab der jungfräuliche Motor 195 km/h her und garantierte das Dauer-Abo auf der linken Spur. Außer für einen einzigen Moment, als tatsächlich jemand meinte, einen Krankenwagen, der mit Blaulicht und knapp 200 unterwegs war, noch überholen zu müssen. Vielleicht war das auch ein späterer Anwärter auf Blutkonserven, wer weiß?

Nach einer rekordverdächtigen Zeit in irgendwas unter eineinhalb Stunden war die Hinfahrt ohne weitere Vorkommnisse geschafft. Ich gab die Blutprobe im Labor ab. Für die besondere Untersuchung wurde mir eine Wartezeit von mindestens zwei Stunden angekündigt. Ich könnte jetzt Pause machen, danach sollte ich mich bereithalten.

Also ging ich im Kurort spazieren. Ich besuchte das Salinental, setzte mich auf eine Bank und ließ mir die Sonne auf den Pelz scheinen. Krasser hätte der Kontrast nicht sein können. Gerade noch maximale Anspannung und Konzentration, jetzt Wartezeit, Zerstreuung und Langeweile, später wieder das Gegenteil.

Zur Hälfte der Rückfahrt geriet zum ersten Mal die Tankuhr in meinen Blick. Die Nadel bewegte sich beinahe zum Zugucken in Richtung des roten Bereichs. Wie konnte das sein? So weit war die Fahrt ja nun nicht gewesen. Zur Sicherheit fuhr ich aber doch etwas langsamer, nicht, dass ich am Ende noch trockenfuhr. Ein Krankenwagen mit Blaulicht, der auf der Autobahn ohne Sprit liegen bleibt? Das wäre eine Story für die Bild-Zeitung, die ich sehr unlustig gefunden hätte. Ich schaffte es bis zur heimatlichen Autobahnabfahrt, als die Tankuhr im unteren Reservebereich angekommen war. Jetzt hieß es, weiter zu bangen und auch die letzten Kilometer irgendwie zu schaffen. Auf halber Strecke zwischen der Autobahnabfahrt und dem Krankenhaus Anderstadt war die Tanknadel bei null. Sie bewegte sich ab da nicht weiter. Das war der Moment, in dem ich dann mal einen Funkspruch absetzte: Es könnte gut sein, dass ich nicht wie geplant zurückkommen würde, sondern Gefahr lief, liegen zu bleiben. Es sollte sich jemand bereithalten, mir entgegenzukommen, um die Blutkonserven zu übernehmen, falls ich es nicht schaffen würde. Es schien unabwendbar, jeden Moment würde der Motor ruckeln, ausgehen, und ich müsste mit Warnblinklicht am Straßenrand stehen bleiben. Und das am Ende einer atemberaubenden Fahrt?! Es ging bergab. Ich ließ rollen und hoffte weiter, dass es noch gelingen würde, aus eigener Kraft zurückzukommen.

Am Ende hatte ich es tatsächlich geschafft. Selbst die Fahrt zur nahe gelegenen Tankstelle gelang ohne Abschleppseil. Das abermalige Volltanken von annähernd 70 Litern ergab, dass der Tank ratzeleer gewesen sein musste und die mutmaßlich letzten Milliliter Sprit in den Leitungen standen. 70 Liter für gut 300 Kilometer?! Das entsprach einem Durchschnittsverbrauch von 23 Litern auf 100 Kilometer! Unfassbar!

Fratzenbus

Meistens ging es deutlich ruhiger zu. Viele Fahrten waren gemütliche Krankentransporte ohne jede Eile. Symptomatisch dafür war das, was Herbert mit unserem etwas phlegmatischen Kollegen Dirk nach einer Verlegungsfahrt in ein

Pflegeheim zu berichten wusste. Die beiden fuhren mit dem Patienten über die Dörfer. Bei der Durchfahrt durch einen der größeren Orte stellte Herbert fest: „Guck mal – hier in Ülsendorf gibt es auch schöne Mädchen!" Dirk schwieg. Eine weitere Konversation fand nicht statt. Auf der Rückfahrt, eine Dreiviertelstunde später, passierten die beiden denselben Ort. Wie aus dem Nichts antwortete jetzt Dirk: „Hast recht, hier gibt es wirklich schöne Mädchen!"

Wenn morgens der Großteil der üblichen Krankentransporte erledigt war, wurde es ab mittags ruhiger. Wenn man Glück hatte, konnte man etwas essen und anschließend auf dem in der Wache stehenden Sofa oder in einem der Sessel sogar mal die Augen zumachen. Der laufende Fernseher gehörte zur hypnotisierenden Dauerkulisse. Einmal beschwerte sich Herbert, der nach dem Mittagessen auf der Couch eingenickt war, als jemand den Fernseher unvermittelt ausgeschaltet hatte: „Lass doch an, Mensch! Ich will weiterschlafen!"

Auch die Behindertenfahrdienste gehörten zu den regelmäßigen Aufgaben. Einige der Hauptamtlichen fuhren einen größeren Bus mit geistig Behinderten in eine entsprechende Einrichtung. Dieser Bus wurde im ungezierten Alltagsjargon der Sanitäter als „Fratzenbus" bezeichnet, was zwar despektierlich, aber durchaus auch liebevoll zu verstehen war. Wir Zivis fuhren die kleineren Busse mit bis zu neun Sitzplätzen, manchmal auch Einzel- oder Rollstuhltransporte.

Ich wurde für eine Spezialfahrt auserkoren. Eine geistig behinderte Dame wollte nach Rheinstadt gefahren werden und dort den Ort aufsuchen, wo sie vor Jahrzehnten als Kind aufgewachsen war. Ihre Nichte würde als Begleitperson mitkommen. Die Schwierigkeit, die sich dabei erst kurz vor der Fahrt auftat, war, dass die Frau sich gar nicht mehr erinnerte, wo genau in Rheinstadt sie gelebt hatte. Nicht einmal der Name der Straße wollte ihr einfallen. Die Nichte hatte immerhin eine vage Vorstellung vom entsprechenden Stadtteil und meinte, dass man sich vor Ort orientieren könne. Und sicherlich würde sich ihre Tante in Rheinstadt erinnern können. Ein paar wenige gedankliche Anhaltspunkte gab es offenbar. Aber nun war und ist Rheinstadt ja eine Metropole mit vielen sehr ähnlich aussehenden Wohnvierteln und noch mehr ähnlichen „Anhaltspunkten" wie: „Dort war früher eine Haltestelle, da waren Bäume und ein großes Haus auf der Ecke!"

Ich war skeptisch. Doch der Auftrag stand und wir fuhren los. Über die Stresemannbrücke ging es über den Rhein zunächst Richtung Altstadt. Bahnhof, Theater, Hafenviertel – alles so weit klar. Und dann kamen die „Erinnerungen" der alten, jetzt ziemlich aufgeregten Dame in Form von Anweisungen an den unter Großstadtverkehrsstress stehenden Fahrer in Form von: „Da – ja – fahren – rechts – ja – links – da – rechts – fahren – ja – da – nein – links …" Und so ging das minutenlang, ohne dass ein Ziel in Aussicht geriet. Die Nichte versuchte, zu „übersetzen" und die Fahrt irgendwie zielführend zu strukturieren, was jedoch nicht gelang. Und Hinweise wie „Da drüben könnte es sein!" waren in Rheinstadt – zumal für mich als nicht ortskundige Person – kaum umzusetzen. Wie sollte man mitten in der Großstadt bei all den Kreuzungen, Straßenbahnschienen, Unterführungen, Baustellen, Brücken, Einbahnstraßen, vorgeschriebenen Fahrtrichtungen und der völlig unübersichtlichen Verkehrsführung mal eben auf Sicht nach „da drüben" fahren? „Fahren – ja – fahren – rechts – ja – fahren – links – ja – nein …" Nach mehr als einer Stunde des ziellosen Umherfahrens und wirrer Anweisungen war ich völlig entnervt und kurz davor, mich selber als Patient nach hinten zu setzen. Ich gab den beiden noch zehn Minuten, dann würde ich anhalten und mich weigern weiterzufahren. Und so geschah es, dass ich die Fahrgäste irgendwo in der vermeintlichen Nähe des gesuchten Ortes für die nächsten zwei Stunden aus dem Auto verbannte. Sie könnten jetzt zu Fuß die Gegend erkunden, fand ich. Und ich brauchte Ruhe – nein –, ich brauchte absolute Stille, denn das „Ja – fahren – da …" hallte noch immer in meinem Schädel. Ich zog mich in die nächstgelegene Kirche zurück, setzte mich in eine Bank und blieb dort in der dämmrigen Stille, bis die vereinbarte Zeit vorüber war.

Gaspedal

Während einer anderen Fahrt mit einem Behindertenfahrzeug hatten mein Zivi-Kollege und ich es nicht mit menschlichem, sondern mit technischem Versagen besonderer Art zu tun. An einem alten VW LT, der für den Transport von Rollstühlen vorgesehen war, fiel während der Fahrt das Gaspedal ab! Kein Witz, das Gaspedal hatte sich aus seiner

Verankerung verabschiedet. Weggerostet! Wir standen irgendwo kurz vor Feierabend in der Pampa und kamen nicht weiter. Die Wache konnte uns keine schnelle Hilfe anbieten. Und so „mal eben" war ein solcher „Kleinbus" mit hohem Aufbau bestimmt nicht abgeschleppt, ahnten wir. Und da wir keine Fahrgäste an Bord hatten, war niemand in besonderer Eile, ernsthaft nach einer Lösung zu suchen. So lange, bis uns vielleicht irgendjemand aus der misslichen Lage herausholen würde, versuchten wir, uns selber zu helfen. Schließlich wollten wir Feierabend machen.

Das Gaspedal ließ sich nicht wieder montieren, das war klar. Es hätte geschweißt werden müssen. Aber unterhalb des Bodenblechs sah man die Mechanik, die vormals durch das jetzt fehlende Pedal betätigt worden war. Vielleicht könnte man an dieser Stelle auf andere Art Gas geben? Doch wie und vor allem womit? Wir kamen auf das Radkreuz, das wir als Teil des Bordwerkzeuges im Auto fanden. Und ja, ein Metallarm passte durch das Loch und war stabil genug, um den Pin unter dem Bodenblech betätigen zu können. Immerhin eine Perspektive. Zunächst war uns nicht klar, wie wir damit weiterkommen sollten, denn in gewohnter Weise konnten wir so nicht fahren. Eine einzige Möglichkeit war denkbar, und die setzten wir um: Ich schlichtete mich unter dem Armaturenbrett ein, steckte einen Arm des Radkreuzes in das Loch, wo vormals das Gaspedal gewesen war, drückte das Metall mit den Händen nach unten und gab auf diese Weise Gas. So fuhren wir los. Ich gab Gas und mein Kollege lenkte. Da ich allerdings, irgendwo unter dem Lenkrad im Fußraum hockend, nicht sehen konnte, was oben vor sich ging, wohin wir fuhren und wie sich der Verkehr gestaltete, musste mich mein Kollege permanent unterrichten. Aber mit den Anweisungen wie „Achtung Kurve", „jetzt schalten", „weniger" oder „mehr Gas" konnte ich deutlich besser agieren, als es bei der Rheinstadt-Fahrt zuvor gewesen war. So schafften wir es im blind koordinierten Teamwork, trotz des nicht vorhandenen Gaspedals, die etwa 15 Kilometer unbeschadet zurück zur Wache zu fahren und in den verdienten Feierabend zu kommen.

Nachtschicht

Während meiner Zeit als Zivildienstleistender hatte ich die Qualifikation als Rettungssanitäter und am Ende die Anerkennung zum Rettungsassistenten erworben. Ich nutzte das, um für die weitere Zeit im Übergang bis zum Studium auf der Rettungswache zu arbeiten und Geld zu verdienen.

Die Nachtdienste waren sehr unterschiedlich. Es gab Nächte, in denen man nicht zur Ruhe kam, und solche, wo die Autoschlüssel am Brett hängen bleiben konnten. In der Hoffnung auf eine ruhige Nacht schlug mir mein Teamkollege Sascha vor, während unseres gemeinsamen Dienstes Pornos zu gucken. Was ich davon hielte? Ich fand das eine großartige Idee, denn bis dahin hatte ich noch keine gesehen, und ich war neugierig. Er besorgte die Filme in der Videothek. Die Kosten teilten wir uns.

Zu vorgerückter Stunde, wenn wirklich niemand mehr spontan in die Wache hereinschneien würde, deckten wir die Oberlichter ab. Es waren die einzigen Stellen, durch die man theoretisch vom Krankenhaus aus in den Raum hätte hineinsehen können. Schließlich wollten wir nicht für den plötzlichen Herztod eines Patienten verantwortlich sein. Und dann guckten wir Pornofilme und hatten unseren Spaß. Wir unterhielten uns über die gesehenen Sexualpraktiken und tauschten uns, wenn man schon beim Thema war, über entsprechende Patientengeschichten aus, die jeder irgendwann früher oder später erlebte. Teilweise wurden damals sogar Namen gehandelt, wer angeblich nach welcher Art Sexunfall ins Krankenhaus gebracht werden musste. Ich gab zwar nicht allzu viel darauf, aber auch ich hatte bereits nach der überschaubaren Zeit im Rettungsdienst eigene Geschichten zu bieten. Einen Mann mussten wir mit Herzproblemen aus einem Bordell holen, der sich offenbar überanstrengt hatte. Und während einer Nachtschicht hielten wir uns gerade an der Pforte des Krankenhauses auf, als dort ein Patient vorstellig wurde, der eine schmerzhafte Dauererektion hatte und sich Hilfe erhoffte. Als er auf dem Weg in die Urologie war, konnte sich endlich unser mühsam unterdrücktes Schmunzeln in befreiendes Gelächter ausweiten.

Während des Nachtdienstes lohnte sich ein Besuch in der Krankenhauswäscherei. Diese befand sich im Keller nahe der Liegendeinfahrt. Dort musste man hin, wenn nach einem Einsatz das Auto sauber zu machen war und die Laken gewechselt werden mussten. Dann war, wo es warm und feucht war, richtig was los. Belebte Natur in Form von herumfliegenden und krabbelnden Heimchen, die sich in der Wäscherei zu Dutzenden wohlfühlten. Dass dort selbstverständlich auch die OP-Wäsche gewaschen wurde, störte die Heimchen nicht.

Rettungswagen

Zu meiner Anfangszeit standen auf der besagten alten Rettungswache in Anderstadt die meisten Krankenfahrzeuge draußen in einer Art Carport. Dort konnte ein Teil der Wagen am Strom angeschlossen werden, um die Batterie zu speisen und den Innenraum zu heizen. Dennoch ergab es sich häufiger aus unterschiedlichen Gründen, dass die Krankenwagen morgens kalt waren. Nach einer klirrend kalten Winternacht war es einmal so extrem, dass sogar die Infusionsflaschen in einem Fahrzeug zu Eis gefroren waren. Fasziniert schaute ich mir mit einem Zivi-Kollegen die Flaschen an. So konnten die keinem Patienten angehangen werden, das war mal klar. Wir fragten uns, ob die Flüssigkeit durch das Einfrieren Schaden genommen haben könnte. Nach kurzer Überlegung schlossen wir das aber mit einiger Wahrscheinlichkeit aus. Die Glasflaschen waren trotz des dicken Eises dicht geblieben. Bei dem Inhalt handelte es sich ohnehin nur um steriles Wasser mit ein paar Elektrolyten. Weiter gekümmert hat es uns also nicht. Während der nächsten Fahrt würden die schon wieder auftauen. Es wäre schon ein echt mieses Schicksal gewesen, wenn ausgerechnet an jenem Morgen in diesem Fahrzeug einer eine Infusion gebraucht hätte!

Der Rettungswagen in meiner Anfangszeit hatte eine Motorvorwärmung, und auch der Innenraum war permanent temperiert. Damit hatte sich der Luxus aber bereits erschöpft. Der Wagen war unfassbar schwer, laut, untermotorisiert und wegen einer nicht vorhandenen Servolenkung kaum zu steuern. Den Rettungswagen zu lenken, stellte einen körperlichen Kraftakt dar. Wenn man dann auch noch rangieren oder gar wenden musste, war man schon erledigt, bevor man sich um den Patienten kümmern konnte. Bei einer Einsatzfahrt hatte es mich in einer engen Kurve bei dem Versuch, das Lenkrad vollständig einzuschlagen, tatsächlich einmal vom Sitz geholt. Ich rutschte wegen des hohen Kraftaufwandes beim Einlenken vom Polster, und mein Hintern hing im Niemandsland zwischen Sitz und Tür in der Luft.

Der Motor war für das schwere Fahrzeug viel zu schwach ausgelegt. Wenn es die Ersenberger Straße hochging, und das war eine drei Kilometer lange Steigung, standen exakt 60 km/h auf dem Tacho. Mehr ging nicht. Selbst die Kleinwagen brausten dann an dem mit Blaulicht sich auf der zweispurigen Straße hochquälenden Rettungswagen vorbei. Gut, wenn man damals nicht auf schnelle Hilfe angewiesen war!

Mein erster Toter war ein Bekannter. Er hatte eine Zeit lang bei der Firma Fliesen-Meister gearbeitet. Ein Kollege quasi. Verkehrsunfall. Ende. Mehr als die Betroffenheit beschäftigte mich die Faszination, das erste Mal einen Toten vor mir zu haben. Es hatte mich zwar aufgewühlt, dennoch kam es mir erschreckend normal vor. Vielleicht, weil man sich gedanklich darauf vorbereitet hatte, dass es irgendwann passieren würde. Und natürlich sollte es nicht der einzige Tote bleiben. Auch als ich einmal in der Nacht meinen eigenen Vater mit dem Rettungswagen abholen musste, war ich in meiner Funktion als Sani überraschend abgeklärt. Nerven zeigte man bei dem, was man erlebte, ohnehin erst später, wenn alles vorbei war.

Zigarren

Dirk und ich fuhren zu einem internistischen Notfall. Ein akuter Asthmaanfall wurde gemeldet. Wir betraten eine kleine Wohnung, in dessen Untergeschoss wir ein völlig verqualmtes Schlafzimmer vorfanden. Ein älterer Herr, der offenbar unter starker Atemnot litt, saß im Bett und rauchte Zigarre. Mein Kollege sprach zu dem Mann: „So, Opa, die Cigar legen wir aber jetzt mal beiseite!" Die verblüffende Antwort des alten, nach Luft ringenden Herrn war: „Nä, Jung, die bleevt aan, da kann ich besser hoosten!" Erst nachdem wir ihm überzeugend erklärten, dass wir ihn keinesfalls mit einer brennenden Zigarre im Krankenwagen transportieren, ihm aber ersatzweise Sauerstoff anbieten könnten, stimmte er dem Transport zu.

Ein anderer Herr hatte es nicht mehr bis ins Krankenhaus geschafft. Er verstarb im Wagen. Wir räumten alles aus und fanden eine noch eingeschweißte Schachtel Zigarren bei ihm. Die würde er jetzt nicht mehr brauchen, waren wir sicher. Zum Wegwerfen war die allerdings zu schade, wie meine Zivi-Kollegen und ich befanden. Vermissen würde die aber wohl auch niemand. Also nahmen wir die Packung mit fünf dicken Zigarren an uns.

Einige unserer Kollegen rauchten damals. Ich rauchte nur ab und an, wenn es eine besondere Gelegenheit gab. Jetzt schien ein solcher Moment gekommen zu sein. Geraucht wurde sogar im Inneren der Rettungswache. Weil sie damals in einer freistehenden Baracke untergebracht war, konnte man das tun, ohne andere damit zu belästigen. Auch der eine oder andere Arzt kam gerne auf ein Pfeifchen vorbei, denn das Rauchen im Krankenhaus war untersagt. Nicht allen gefiel die Qualmerei, aber im Großen und Ganzen wurde sie geduldet. Was vermutlich aber selbst bei den Zigaretten- und Pfeifenrauchern großes Missfallen erregt hätte, waren Zigarren. Niemand hatte je im Inneren des Gebäudes eine Zigarre geraucht. Die waren nach unser aller Empfinden tabu. Gerade deshalb fanden wir wohl Freude an dem Gedanken, das zu tun! Und dann verschlossen die Zivildienstleistenden Ingo, Carsten und Henning an jenem denkwürdigen Nachmittag die sonst offenstehende Türe der Rettungswache sowie alle Fenster und zündeten sich je eine dicke, dem Toten geraubte Zigarre an. Die Wache wurde in minutenlanger Arbeit in ein undurchdringliches Dickicht aus stinkendem Zigarrenqualm verwandelt. „Ihr habt sie ja nicht mehr alle!", waren die nettesten der Kommentare derjenigen, die das Inferno bei Eintritt in die Wache erlebten.

Schweineohr

Ob das stimmen konnte? Das Gebäude hatte ich mir anders vorgestellt. Vielleicht sollte ich näher heranfahren? Im frühen Morgennebel waren Details noch schlecht auszumachen. Für 7:30 Uhr waren wir verabredet. Die Adresse musste stimmen. Aber es war niemand zu sehen. Kein Auto stand in der Nähe. Da ich ein paar Minuten zu früh war, wartete ich.

Der Größe nach schien es ein etwas überdimensioniertes

Wohnhaus zu sein. Bewohnt war es offenbar nicht. Die gelblich verschmutzten Rollläden im Erdgeschoss waren heruntergelassen. Die Fassade war mit schwarzen Kunstschieferplatten vertäfelt. Hier und da fehlten einzelne oder mehrere Stücke und das darunterliegende Holzgerüst mit Resten der Dämmung war sichtbar. Aus einer Lücke wuchs ein junges Birkenbäumchen heraus. Das Regenrohr an der rechten Seite leckte. Hier floss das Wasser des Nieselregens an der Wand herunter. Das Kellergeschoss war beinahe fensterlos. Auf der Rückseite, wo ich parkte, waren zwei kleine schmiedeeisern vergitterte Fenster zu erkennen. Keine Tür, nur ganz außen ein breites Garagentor. Ansonsten sah man vom Untergeschoss nur die Betonwand, die vormals dunkelgrün gestrichen gewesen sein musste. Ruß und Straßenstaub überdeckten fast vollständig den vormaligen Anstrich, wie das bei vielen Häusern hier im Ruhrpott der Fall war.

Ich stieg aus. Der Schotter unter meinen Füßen knirschte stumpf, als ich mich dem Haus näherte. Ich ging an der Seite entlang nach oben, wo ich im Vorbeifahren die Eingangstür gesehen hatte. Oben angekommen, prüfte ich noch einmal die Hausnummer, um sicherzugehen. Der Briefkasten quoll über. Hier konnte niemand sein. Ich klingelte. Nichts. Noch mal. Nichts zu hören. Doch plötzlich wurde die Tür geöffnet. Ein Mann, etwa Mitte 40, stand vor mir. „Guten Morgen, Miesen mein Name, Sie müssen Herr Leiendorf sein!" „Ja, wir hatten telefoniert!" Er bat mich herein. Muffiger Geruch schlug mir entgegen. „Wir gehen direkt nach unten!", sagte er und wies mich an, ihm zu folgen. Das gelbliche Licht einer runden Glaslampe beleuchtete mühsam die Steintreppe, die in einer halbrunden Bewegung in den Keller führte. „Hier ist der Aufenthaltsbereich", sagte der Mann und ergänzte: „Ich mach uns erst mal einen Kaffee!" Er verschwand hinter einer Art wuchtigem Tresen aus dunklem Holz, der an eine Kneipe erinnerte.

Ich schaute mich um. Die Möbel waren wahllos zusammengewürfelt. Auf dem weiß gefliesten Boden stand eine heruntergewohnte Sitzgarnitur. Der Stoff an den Armlehnen der Couch war verschlissen und rissig, die Sessel durchgesessenen. Ein beigefarben gefliester Tisch mit verschnörkelten Beinen aus massivem Holz stand zwischen den Sitzmöbeln. Darauf waren Zeitschriften und eine Fernbedienung abgelegt. Einige verschmutzte Gläser waren nicht weggeräumt.

Auf einer bauchigen Kommode stand ein großer Fernseher. Ein Schrank aus Kiefernholzfurnier befand sich weiter hinten, wo wir in den Raum hineingekommen waren.

Der Raum erstreckte sich fast über die gesamte untere Etage. Es schien ein Nebenzimmer zu geben, wo vermutlich gerade der Kaffee zubereitet wurde. Erst jetzt sah ich, dass sich an einer Seite, wo sich der Keller Richtung Straße erstrecken musste, noch ein zweiter Raum befand. Die beiden Räume gingen ohne Tür ineinander über. Doch der zweite war viel niedriger. Die Deckenhöhe entsprach nur der Hälfte des normalen Kellerraumes. Hinter der halbhohen Wand, die den Übergang zwischen den Räumen markierte, konnte ich die Fußenden schmaler Eisenbetten erkennen. Die vormals weißen Bettgitter waren abgestoßen, stumpf und vergilbt. Ich ging näher heran. Ich konnte eine ganze Reihe Betten erkennen. Dahinter eine zweite Reihe quer stehender Betten und eine dritte dahinter, die sich aber im Dunkel des Raumes auflöste. Wie weit der Raum führte, konnte ich nicht sehen. Ich wartete, bis sich meine Augen mehr an das Dunkel gewöhnt hatten. Dann versuchte ich, mehr Details auszumachen. Auf manchen Betten erkannte ich dünne Auflagen, bei anderen fehlten solche, und der Unterbau in Form einer gefederten Metallkonstruktion war sichtbar. Wieder andere, noch schmalere, hatten eine Auflage aus gespanntem Stoff. Auf und zwischen den Betten lag Staub und heruntergefallenes Mauerwerk. Je mehr ich in die Dunkelheit starrte, desto mehr konnte ich erkennen. Wie gebannt schaute ich in die Tiefe des Raumes, um auszumachen, was sich dort noch verbarg. Hinter der dritten Reihe, sehr weit im Dunkel gelegen, zeichnete sich schemenhaft ein weiteres Bett ab. In meiner Einbildung musste dort jemand liegen. Auf dem Metallrost ohne Matratze. Eine kleine, kindliche Gestalt in einem schmutzigen Nachthemd, abgemagert und vernarbt. Mit Handschellen an Händen und Füßen an die Bettgitter gefesselt. Ich konnte den Blick nicht abwenden und wartete darauf, dass sich die Gestalt plötzlich mit getrecktem Oberkörper aufrichten würde. Vom dunklen Ende des halbhohen Raumes aus würden mich zwei aufgerissene Augen anstarren, die aus einem bleichen, hohlwangigen Gesicht mit dunklen Augenhöhlen herausragten.

Mein hypnotischer Zustand wurde durch etwas aufgebrochen, das auf dem Boden liegend in mein Blickfeld geriet. So starr, wie ich eben noch in die Dunkelheit geblickt hatte, stierte ich jetzt auf das, was dort etwa drei Meter von mir entfernt auf dem Boden lag. Es sah – ja –, es sah beinahe wie ein Körperteil aus. Nur welches? Kein mir bekanntes Teil des menschlichen Körpers entsprach dieser Form. Aber es hatte eine Haut und Gewebe darunter und eine irgendwie geartete körperhafte Gestalt.

Plötzlich stob wie aus dem Nichts ein Hund von hinten heran. Ein ausgewachsener, fülliger Schäferhund. Er rannte auf das auf dem Boden liegende Objekt zu und fasste es mit seinem Maul. Mit gebleckten Zähnen fing er an, daran herumzukauen. Ich erschauderte. Meine Fassungslosigkeit und mein Ekel mussten mir ins Gesicht geschrieben gewesen sein, denn in dem Moment, als ich dort wie versteinert stand, hörte ich den Mann von hinten sagen: „Schweineohr, das ist ein Schweineohr. Für den Hund!" Herr Miesen hatte zwei Tassen Kaffee in der Hand. „Nehmen Sie doch Platz!"

Ich versuchte, Luft zu holen und mich wachzurütteln. Das hier konnte nicht real sein. Ich musste träumen. Wie ich da stand – und nicht aufwachen konnte –, rannte der Hund auf mich zu. Er zielte auf meine Körpermitte. Und dann schob er seine Schnauze direkt unterhalb meiner Weichteile zwischen meine Beine und zwängte sich durch meine Beine unter mir durch. „Der Hund ist ein bisschen gestört, das macht der immer!", sagte Herr Miesen, bevor der Hund dasselbe Spiel, nur diesmal von hinten, wiederholte.

Wo war ich hier? Dies konnte nicht allen Ernstes die Zentrale des privaten Unternehmens sein, das kranke Menschen transportierte? Wieso hatte ich bloß angerufen und mein Interesse an einem Ferienjob bekundet? Ja – okay –, an meinem Studienort in einer noch fremden Großstadt traute ich mir nicht zu, im regulären Rettungsdienst zu fahren. Da schien mir ein privates Unternehmen, das nur für Krankentransporte und nicht für Notfalleinsätze zuständig war, besser geeignet. Aber das hier war ein schlechter Horrorfilm, und mein Job endete, bevor er angefangen hatte.

Nadelstich

Ich meldete mich nun doch beim „richtigen" Rettungsdienst. In meiner Einarbeitungszeit wunderte ich mich über die grauen Decken in den Fahrzeugen, die keine Bezüge hatten. Wie es denn hier mit der Hygiene bestellt sei, wollte ich wissen. Ich kannte es so, dass die Bezüge, mindestens aber die Laken, nach jeder Fahrt gewechselt wurden. Na gut, ob die frischen Laken aus der „Heimchenwäscherei" so hygienisch waren, sei dahingestellt. Immerhin – spätestens wenn man wieder auf der Wache war, kam alles runter und wurde erneuert. Deckenbezüge gab es auf dieser Wache überhaupt nicht. Ob die Decken denn wenigstens regelmäßig gewaschen würden, interessierte mich. „Nein, vielleicht sprühen wir zu Weihnachten mal Desinfektionsmittel drauf!", nahm ich als Antwort verwundert zur Kenntnis. Ich stellte mir vor, wie eine schwangere Frau auf dem Weg zur Entbindung unter derselben Decke lag, die kurz zuvor auf einem blutenden, alkoholisierten und nach altem Urin stinkenden Obdachlosen gelegen haben könnte. Solche Eventualitäten störten hier offenbar niemanden.

Schon nach ein paar Tagen wurde ich als verantwortlicher Sanitäter auf dem Rettungswagen eingesetzt. Nun bekam ich einen Zivildienstleistenden als meinen Teampartner zugeteilt.

Gegen Abend ging es mit Blaulicht zum Hauptbahnhof. Akutes Abdomen wurde gemeldet. Die Polizei wies uns ein. In einem Zugabteil saß eine junge geschminkte Frau mit langen Haaren, einem bauchfreien Top sowie einem auffallend kurzen Rock. Sie war blass, klagte über Bauchkrämpfe und hatte starke Kreislaufprobleme. Ich hielt es für angebracht, eine Infusion anzulegen, für den Fall, dass sich ihr Kreislauf weiter verschlechterte. Der Zivi assistierte mir. Als die Vene getroffen und der dünne Kunststoffschlauch in die Vene eingeschoben war, konnte die Nadel, mit der ich punktiert hatte, herausgezogen werden. Dies übernahm mein Partner, damit ich die Infusion anschließen konnte. Doch anstatt, wie es sich gehörte, die schmutzige Nadel sicher beiseitezulegen, behielt er sie in den Fingern. Beim unachtsamen Hantieren passierte es. Er stach mit der blutigen Kanüle durch den Handschuh in meine Hand. Ich schaute ihn an. Das war jetzt nicht passiert, oder? Sofort untersuchte ich die Einstichstelle. Sie war deutlich zu sehen und blutete leicht. Ich konnte es nicht glauben. Wie kann man nur so ...? Und ausgerechnet am Hauptbahnhof bei einer solchen Person! Wahrscheinlich war sie eine Prostituierte oder eine Drogenabhängige oder beides. Und nun würde ich mich mit Aids, Hepatitis oder sonstigen Spatzelunken infiziert haben. Bei dieser Vorstellung wurde ich ganz panisch. Da führte man ein solides Leben ohne sexuelle Eskapaden und starb durch eine Nadel am Hauptbahnhof? Ich musste mich unbedingt testen lassen!

Ich meldete den Unfall und ließ ihn im Krankenhaus dokumentieren. Der Aidstest dauerte ein paar Tage. Ich hielt das nicht aus. Wie sollte ich die Zeit bis zum Ergebnis überstehen? Ich musste die Frau fragen, ob es einen Grund zur Sorge gab. Das war die einzige Chance, mich beruhigen zu können. Doch wie sollte ich den Kontakt herstellen? Ich erinnerte mich weder an ihren Namen noch hatte ich ihre Personalien. Die hatten wir zwar aufgenommen, nun aber keinen Zugriff mehr auf die Unterlagen. Ich fragte den Dienststellenleiter. Der verwies mich an die Geschäftsstelle. Dort war man unwillig bis ablehnend, man könne nicht irgendwelche persönlichen Daten herausgeben. Da ich aber mein Anliegen glaubhaft und – sagen wir mal – sehr nachdrücklich vertrat, erhielt ich irgendwann den gewünschten Namen und eine Telefonnummer. Und dann rief ich die Frau mit den langen Haaren und dem kurzen Rock an. Ich entschuldigte mich für den Anruf, sagte, wer ich war, und schilderte ihr meine Misere. Und dann fragte ich sie frei heraus: „Muss ich mir Sorgen machen?" Diese Frage kam an Direktheit ungefähr der Frage gleich: „Haben Sie Aids oder andere Geschlechtskrankheiten?" Und auf solcher Art Fragen konnte ich keine ernsthafte oder ehrliche Antwort erwarten. Dennoch bekam ich sie, denn offenbar hatte sie am Bahnhof das Missgeschick meines Kollegen mitbekommen und wusste, dass ich keine Geschichten erzählte. Und nein, ich müsste mir mit großer Wahrscheinlichkeit keine Sorgen machen.

Ich war unermesslich erleichtert. Ich bedankte mich vielmals für ihre Offenheit und ihr Verständnis. Dann verabschiedete ich mich von ihr und auch aus dem Rettungsdienst – für alle Zeiten.

Polyether-Pissmänner

Ich suchte eine neue Arbeitsmöglichkeit für die Semesterferien. Ein Freund, der als Ingenieur bei Kuppers in Duismund arbeitete, gab mir den Ratschlag, es bei der B. Silbermann AG zu versuchen. In der Chemieindustrie würde überdurchschnittlich gut bezahlt. Ich rief dort an, stellte mich vor und wurde eingestellt. Ich könnte im Polyetherbetrieb arbeiten.

Am ersten Tag fragte mich ein anderer Student, wen ich in der Firma kennen würde. „Noch niemanden", sagte ich. Wie ich dann hier reingekommen wäre, fragte er verblüfft nach, dafür bräuchte man doch Beziehungen. Verwundert nahm er zur Kenntnis, dass ich einfach angerufen hatte.

Die umfangreiche Sicherheitseinweisung und die Führung über das riesige Gelände beeindruckten mich in jedweder Hinsicht. Die Firma lag am Rande der Innenstadt. An dieser Stelle hatte ich ehrlich gesagt nicht mit solchen Dimensionen gerechnet! Die vielen unterschiedlichen Betriebe auf dem Gelände, die Unzahl an gefährlichen Stoffen und Prozessen, die Komplexität der miteinander vernetzten Anlagen, der Betriebsablauf, die überraschend vielen manuellen Tätigkeiten in den Betrieben, die Sicherheitsvorkehrungen, Schleusen, Absperrungen, Einlasskontrollen – ich hatte großen Respekt vor dem, was da auf mich zukommen würde. Gleichzeitig bekam ich aber große Lust, dort zu arbeiten. Allein, dass ich die Chance bekam, einen so hochinteressanten Teil der Arbeitswelt kennenzulernen, freute mich ungemein. Und letztlich fand ich den Umgang mit kalkulierten Wagnissen ja schon immer reizvoll.

„Hier stehen wir direkt unter einem Reaktor", waren die Worte des Sicherheitsbeauftragten, der mir den Polyetherbetrieb zeigte. Ein riesiger zylindrischer Stahlbehälter mit Rohren, Ventilen und Messuhren dröhnte direkt über unseren Köpfen. „Hier über uns reagieren gerade ein paar Tonnen hochexplosive und -giftige Stoffe." Was, wenn dabei etwas schiefging, wollte ich wissen. Dann hätten hier im Umkreis sehr viele Leute keine Sorgen mehr, bekam ich zur Antwort.

Die beiden wichtigsten Ausgangsprodukte für den Polyetherbetrieb waren Ethylenoxid und Propylenoxid. Beide Stoffe wurden nicht selber hergestellt, sondern mit Eisenbahnkesselwagen angeliefert. Die Entladung in das Tanklager des Betriebes war jedes Mal von einer gewissen Anspannung geprägt, denn hierbei bestanden erhöhte Risiken. Die verflüssigten Gase standen unter Druck und waren äußerst flüchtig. In Verbindung mit Luft konnten schnell explosionsfähige Gemische entstehen. Schmutzige, rostige oder heiße Stellen am Wagen konnten eine Selbstentzündung herbeiführen. Selbst geringe Mengen von eingeatmetem Gas waren giftig; ab einer gewissen Konzentration, wenn man das Gas bereits riechen konnte, potenziell tödlich. Der Entladungsvorgang wurde von Spezialkräften mit Atemschutzgeräten und gasdichten Chemikalienschutzanzügen vorgenommen. Im Umkreis der direkten Gefahrenzone durfte sich niemand sonst aufhalten. Einmal war das Entladeventil eines Kesselwagens defekt. Das Entladen beschäftigte die Menschen da draußen am Wagen einen halben Tag lang, und drinnen hat die ganze Belegschaft mitgebangt.

Das gigantische Tanklager des Betriebs befand sich in einem riesigen, in die Erde eingelassenen, überdachten Betonbecken. Mehrere monströse Tanks, die im Fassungsvermögen jeweils mindestens einem Dutzend Kesselwagen entsprachen, lagen dort nebeneinander. „Wenn hier mal was passiert …", interessierte mich. Dann würde sogar das Rathaus wackeln, versicherte man mir.

Der Polyetherbetrieb hatte eine Löschanlage, die im Falle eines Feuers automatisch alle Türen und Tore schloss und den Arbeitsbereich mit Halon-Gas flutete. Bei Alarm hatte man einige wenige Sekunden Zeit, das Gebäude zu verlassen. Ich fragte, was denn passierte, wenn man es nicht rechtzeitig aus dem Betrieb schaffte. „Nun ja, das Halon verdrängt den Sauerstoff …" Ich könnte mir denken, was das hieße.

Der ganze Betrieb war eine explosionsgeschützte Umgebung. Das bedeutete, dass alle Installationen, Werkzeuge, Schalter, Türen, Einrichtungen und sogar die Arbeitskleidung zu keinem Zeitpunkt irgendwelche Funken auslösen durften. Dazu passte so gar nicht, dass der andere Ferienarbeiter und ich an einem Tag den Auftrag erhielten, den oberen Teil eines Reaktorkessels für einen Neuanstrich vorzubereiten. Die alte Farbe rund um das Rührwerk sollte entfernt werden. Dazu drückte man uns Drahtbürsten in die Hand. Mit denen gingen wir dann fleißig zu Werke. Irgendwann fiel uns auf, dass beim Abbürsten kleine Funken entstanden! Mein Kollege und ich schauten uns erschrocken an. „Hast du das gesehen?", fragte ich. „Ja, es funkt!", bestätigte mein Kollege. Eigentlich war das wenig verwunderlich, denn die dünnen Drähtchen der Bürsten kratzten dort, wo die Farbe bereits entfernt war, über das blanke Metall! „Und was jetzt?"

Wir überlegten gemeinsam, wie damit umzugehen sei. Mutmaßlich mussten schon die ganze Zeit über Funken entstanden sein! Passiert war aber nichts. Wir gingen also davon aus, dass die Rohrleitungen und der Reaktor direkt unter uns wohl dicht waren und dass auch von sonst woher gerade keine explosionsfähigen Gasgemische in der Luft lagen. Das hätten wir, oder besser gesagt der ganze Betrieb, auf die eine oder andere Art gemerkt. Also arbeiteten wir weiter, so lange, bis die alte Farbe mit fröhlichem Funkenflug komplett runtergebürstet war.

Im ganzen Betrieb standen an verschiedenen Stellen Augenspülanlagen und Notduschen bereit, für den Fall, dass man sich mit Chemikalien verätzte oder kontaminierte. Und ja, die Arbeit war gefährlich. Ich erinnerte mich an den Chemieunterricht in der Schule. Damals wurde an einem Tag ein Experiment mit verdünnter Schwefelsäure in einem Reagenzglas gezeigt. Die Schutzscheibe am Experimentiertisch wurde hochgefahren, und die erste Reihe des Auditoriums sollte sich vorsichtshalber weiter nach hinten setzen. Im Polyetherbetrieb waren die Mengen- und Gefahrenverhältnisse völlig andere. Ich ging mit zwei offenen Eimern voller hochprozentiger Schwefelsäure die Außentreppen zu den Kühltürmen hoch, um von dort oben den pH-Wert des Wassers zu puffern. Dazu goss ich je 20 Liter Schwefelsäure aus den offenen Eimern direkt vor meiner Nase in das sprudelnde Wasser des Kühlturms.

Mit anderen Chemikalien wurde ebenfalls nicht gegeizt. Die verschmutzten Türen des Betriebs sollten gereinigt werden. Wir bekamen Eimer und Schrubber. Die Eimer sollten wir aber nicht, wie ich zunächst annahm, mit Seifenwasser füllen, sondern mit reinem Aceton. Damit ließen sich die Türen tatsächlich sehr einfach und wirksam reinigen. Auch wir hatten etwas davon, denn mit ausreichend Schnüffelstoffen in der Nase arbeitete es sich gleich viel beschwingter.

Mein Respekt vor den Dimensionen verlor sich über die ersten Arbeitswochen etwas, wobei ich ab und zu – auch unfreiwillig – an die Gefahren erinnert wurde. Ich sollte den

Kesselbehälter eines Reaktors reinigen. Dort war gerade ein Reaktionsvorgang beendet, und der Kessel musste für ein anderes Produkt von allen Resten befreit werden. Hochdruckschläuche für Wasser waren überall vorhanden. Den oberen Deckel öffnete ich mit einem Druckluftschrauber, und dann legte ich los: den Schlauch in den Kessel halten und von obenher alles sauber spritzen. Wie immer war Vorsicht geboten. Der Geruch der abgelaufenen Reaktion lag noch deutlich wahrnehmbar über dem Kessel. Heiße N-Butanol-Dämpfe. Nach nur wenigen Sekunden des Arbeitens stimmte irgendetwas mit meinen Ohren nicht. Alles hörte sich merkwürdig und zunehmend entfernt an, als wenn sich die Welt um mich herum wie durch die Gezeitenwirkung zurückgezogen hätte. Das betraf einen Moment später auch alle anderen Sinne und am Ende mein Bewusstsein, das sich mehr und mehr aus meinem Kopf verabschiedete. Ich nahm meine Umgebung nur noch dunkel, taub und in immer größerer Entfernung zu mir selbst wahr. Gerade noch früh genug brach ich die Arbeit ab, taumelte aus dem Arbeitsbereich und wartete an sicherer Stelle darauf, dass meine Sinne zurückkamen.

Eine Aufgabe war bei allen angestellten Chemikanten extrem unbeliebt. Jeder versuchte, sie wenn möglich zu umgehen: die Herstellung beziehungsweise das Anmischen von Aminen. Die stanken wie Gammelfisch und waren das übelste Dreckszeug – in aller Regel ätzend, hochgradig giftig und krebserregend. Nach bestimmten Rezepturen mussten die verschiedenen Amine mit einer Art Saugrüssel aus einzelnen Fässern in einen Reaktionsbehälter gegeben werden. Dort wurden sie gemischt und wenn nötig weiter nachbehandelt. Diese Arbeit fand auf der zweiten Ebene des Betriebs statt. Beim Transport und der Handhabung der Fässer sowie beim pneumatischen Einlassen und Herausziehen des Saugrohrs ließ es sich nicht vollständig vermeiden, dass geringe Mengen der flüssigen Amine danebengingen. Diese sammelten sich dann in einer Art Wanne oder auf den Blechen rund um die Beschickungsanlage. Als mir an einem Tag wieder einmal das Mischen von Aminen zuteilwurde, waren bereits so viele Produktreste in der Wanne und auf den Blechen, dass es bereits aufs Übelste stank, bevor ich überhaupt mit der Arbeit begonnen hatte. Ich entschied, erst einmal sauber zu machen. Wasserschläuche hingen ja überall herum. Ich versicherte mich, dass unter mir gerade nicht gearbeitet wurde, und dann spritzte ich dort oben alles mit Hochdruck blitzblank. Amine und Wasser flossen durch die offenen Laufgitter auf die Ebene unter mir. Leider tropfte der Mist viel länger nach, als ich geahnt hatte, und mich beschlich die Sorge, dass die eigenmächtige Aktion jemand mitbekommen könnte oder, schlimmer gar, dass doch jemand da unten rumlief und das giftige Zeug direkt in den Nacken bekam. Dies geschah zum Glück nicht und die Tat blieb ohne direkte Folgen. Allerdings wird sich das verseuchte Wasser seinen Weg über den Bodenabfluss und die notdürftige Abwasserbehandlung des Betriebes direkt in die Emscher gesucht haben. Den ohnehin wenigen Fischen dort dürften die Amine nicht sonderlich gut geschmeckt haben.

Was der Betrieb in großen Mengen herstellte, war „dünne Pisse". Das war der betriebsinterne Ausdruck für die unterschiedlichen Polymere, die aus Ethylenoxid und Propylenoxid hergestellt wurden. Je nach Gelbfärbung und Fluidität konnte man tatsächlich annehmen, dass es sich um Urin handelte. Von allen Produkten wurden Rückstellproben genommen. Die standen wie Urinproben in den Regalen. Alte Gläser mussten gespült werden. Wenn ich keine Lust hatte, die Spülmaschine auszuräumen, habe ich sie kurz vor dem Schichtwechsel einfach noch mal angestellt und eine weitere Runde laufen lassen. Die Gläser glänzten nach dieser bevorzugten Behandlung garantiert, und die nächste Schicht musste sich um das Ausräumen kümmern.

Im Gegensatz zu den Ausgangsprodukten war die „dünne Pisse" in der Regel völlig ungefährlich. Die Produkte wurden zum Beispiel in der Kunststoff-, Kosmetik- oder Pharmaindustrie weiterverarbeitet. Auch vieles andere hatte eigentümliche Namen, was den Vorteil hatte, dass man schnell wusste, wovon gesprochen wurde: Dünne Pisse, dicke Scheiße, Salzmatsche, Fotzensäure (statt Phosphorsäure) waren für jedermann klare Begriffe. Und die Kollegen im Polyetherbetrieb waren eben die Polyether-Pissmänner.

In den insgesamt drei Monaten des Jahres, in denen ich dort als ungelernte Hilfskraft im Chemiebetrieb arbeitete, verdiente ich mit Schicht- und Wochenendzulagen brutto wie netto knapp 12 000 Mark. Es dauerte viele Jahre, bis ich nach dem abgeschlossenen Studium und den ersten Berufsjahren wieder ein ähnlich hohes Einkommen erlangte.

Selbst ist der kleine Mann

Gearbeitet habe ich schon als Kind gerne. Ich denke, dass mein Vater unwissentlich Vorbild für mich war. Er arbeitete den ganzen Tag. Erst später kam ich zum Nachdenken, dass zu viel Arbeit vielleicht doch nicht ideal wäre. Denn mein Vater wurde krank und war später berufsunfähig.

Manchmal, wenn ich etwas Sinnvolles vorzuhaben schien, wollten mir meine Eltern helfen und zeigen, wie es geht. Doch wo ich die kleinste Chance sah, es selbst und ohne Hilfe hinzubekommen – auch wenn ich sicher war, dass es nur die zweit- oder drittbeste Lösung werden würde –, da verzichtete ich. Dann waren die Nägel eben krumm und schief, aber wenn es hielt, war es doch gut.

Wenn „Hilfe" partout nicht zu vermeiden war, dann wollte oder konnte ich nur wenig Geduld aufbringen. Meine Eltern gaben schnell wieder auf, mir etwas beibringen zu wollen. Zuhören müssen war anstrengend für mich. Außerdem wollte ich nicht akzeptieren müssen, dass andere etwas besser wussten. Von meinen Eltern wollte ich schon gar keine Lehre annehmen. Ich musste es selber probieren, selber machen, selber lernen und auf das wie auch immer geartete Ergebnis ganz alleine stolz sein können.

Die grundlegenden Alltagskompetenzen brachte ich mir mehr oder weniger ohne fremde Hilfe bei: Fahrrad fahren, Trecker, Gabelstapler und Auto fahren, schwimmen, tauchen, vom Zehner springen, Fallen bauen, auf Bäume klettern, per Räuberleiter Zäune und Mauern überwinden, auf Haus- und Fabrikdächern herumlaufen und wieder herunterspringen, mit Steinschleudern und Luftpistolen schießen, alle verfügbaren Geräte untersuchen, bedienen, reparieren oder kaputtreparieren, Werkzeug benutzen, Feuer machen, Feuer löschen, Tütensuppen kochen und noch sehr viel anderes unnützes Zeug.

Wenn ich nichts zu tun hatte, war mir langweilig. Ich verspürte diesen inneren Drang, die Welt um mich herum zu verstehen und nach eigener Vorstellung zu gestalten. Nicht immer jedoch war das, was ich mir unter „gestalten" vorstellte, mit meiner Umwelt kompatibel.

Das früheste mir bekannte Exempel beruht weniger auf meiner gedächtnismäßigen Erinnerung. Aber das, an was ich mich erinnern kann, ist der Geruch. Außerdem gibt es ein Beweisfoto und die Erzählung meiner Mutter. Mit einem guten Jahr und kaum auf eigenen Beinen unterwegs, hatte ich den Windeleimer im Badezimmer entdeckt. Darin enthalten waren die gesammelten Werke einiger Produktionstage in Form von vollgemachten Stoffwindeln, die sich bereits im Gärprozess befanden und darauf warteten, in Kürze bei 95 Grad Celsius dekontaminiert zu werden. Der Eimer muss ziemlich voll gewesen sein, denn das Foto, das von meiner Gestaltungsidee Zeugnis gibt, zeigt, dass sich die Windeln offenbar ausgezeichnet dazu eigneten, das Badezimmer völlig neu zu dekorieren. Beim späteren Anblick des Fotos hatte ich eine sofortige Geruchserinnerung an dieses erste Bravourstück meiner ungezügelten Schaffenskraft.

Zusammen mit meiner kleinen Schwester Silke wollte ich in frühen Kindertagen ein Loch durch die Zimmerdecke bohren. Wir schmiedeten den Plan, vom Keller aus einen Zugang zur Mietwohnung im Obergeschoss zu schaffen, damit wir Tante Deli und Onkel Emil dort jederzeit besuchen könnten. Mit langen Stöcken bohrten und stocherten wir den Putz von der Decke. Als die frei werdende Stelle die Vorstellungskraft von der späteren Luke konkreter werden ließ, fiel uns auf, dass zwischen dem Kellergeschoss, von wo aus wir aktiv wurden, und der Mietwohnung im Obergeschoss ja noch das Wohnzimmer im Erdgeschoss lag! Daran hatten wir gar nicht gedacht. Und dort könnten wir leider nicht so konspirativ weiterarbeiten, um bis ganz nach oben zu gelangen. Außerdem schien uns das Vorhaben mit einer weiteren Luke zu aufwendig, und so ließen wir davon ab.

Der Keller blieb ein spannender Ort. Dort konnte ich ganz in Ruhe für mich sein, in dunklen und verborgenen Ecken Sachen finden, ausprobieren, weiterverarbeiten oder mich zu einer kreativen Nutzung inspirieren lassen.

Einmal entdeckte ich im Farbenschrank einen bis dahin nicht näher untersuchten Kanister mit einer farblosen Flüssigkeit. „Salmiakgeist" stand darauf geschrieben. Das klang interessant und machte mich neugierig. Ich kannte Salmiakpastillen, und die mochte ich! Also schraubte ich den Kanister auf, hielt mein empfindliches Riechorgan über die Öffnung und nahm einen tiefen Zug. WAAAAHH...!?! Das hätte ich besser nicht getan. Der Geist, endlich befreit, kam mit Macht aus der Flasche gesprungen und schlug mir mit der Faust frontal in die Fresse. Meine Schleimhäute zogen sich zusammen. Der Hals schnürte ein. Ich konnte nicht mehr atmen und bekam keine Luft mehr. Es brannte so unfassbar scharf in der Nase, im Mund, in den Augen, im Hals, in der Lunge. Ich wand mich, lief nach draußen, bückte mich, stützte meine Hände auf die Knie und erwartete, dass jeden Moment Blut aus meiner Nase oder meinem Mund strömen würde. Die Augen! Ich sah fast nichts mehr. Alles war milchig verschwommen. Und dieses fressende Beißen auf allen Schleimhäuten! Wann würde dieser qualvolle Schmerz vorübergehen?

Es dauerte Minuten, bis die Geisterstunde vorbei war, bis ich wieder normal atmen konnte und einigermaßen sicher war, dass ich keinen ernsthaften Schaden genommen hatte. Wobei – später hielt ich die Möglichkeit nicht für ausgeschlossen, dass dieser Vorfall meine Stimmbänder geschädigt haben könnte. Bei späteren Untersuchungen wegen Problemen mit der Stimme stellte sich heraus, dass die Stimmbänder nicht in Ordnung waren. Man riet mir sogar von einem Sprechberuf ab. Wikipedia weiß heute: „Aus Ammoniakwasser können erhebliche Mengen Ammoniak freigesetzt werden, das beim Einatmen schwere Gesundheitsschäden hervorrufen kann." Nun ja, immerhin habe ich es irgendwie bis heute geschafft.

Im Keller habe ich ständig irgendwelche Sachen zusammengezimmert. Was ich nicht besaß, versuchte ich herzustellen: Hockeyschläger, Segel, Drachen, Steinschleudern, Angeln, kleine Fahrzeuge, Seifenkisten. Alles, was sich im Keller fand, stand mir nach meiner Überzeugung auch zur Verfügung. Explizite Verbote gab es in dem Sinne nicht. Im schlimmsten Fall wurde erst später interveniert. Mein Vater war selten richtig böse auf mich. Ab und zu schaffte ich es aber doch, ihn aus der Fassung zu bringen. So war er einmal stinksauer, als ich seine guten Tischlerplatten zersägt und mit Dutzenden Heraklith-Nägeln zu einer Art Sarg zusammengenagelt hatte, der später einmal eine Seifenkiste werden sollte. Ich könne doch nicht einfach die guten Platten zersägen! Und außerdem wären die viel zu schwer und deswegen völlig ungeeignet für eine Seifenkiste. Nach seiner kurzen, aber sehr ungehaltenen Ansprache hat er meine mühsam erstellte Fahrgastzelle wieder demontiert und von den verbauten Holzplatten gerettet, was noch zu retten war.

Was ihn regelmäßig nervte, war, dass ich nie aufräumte und den Dreck in Form von krummen Nägeln, Holzresten oder Sägespänen konsequent dort liegen ließ, wo sie entstanden waren. Meistens blieb auch das Werkzeug dort zurück, wo ich es gebraucht hatte. Dies war meinerseits keine böse Absicht oder der mangelnde Wille. Schließlich musste ich das, was ich geschaffen hatte, sofort in Gebrauch nehmen und ausgiebig testen. Da blieb für Unwichtigkeiten einfach keine Zeit.

Wenn es nichts zu konstruieren gab, blieben immer Möglichkeiten für Dekonstruktionen. Vieles, was das Haus an scheinbar nicht mehr benötigten Dingen hergab – und das waren wirklich viele, denn meine Eltern konnten einfach nichts wegwerfen (man könnte es ja noch mal brauchen) –, das wurde aufgeschraubt oder auf andere Weise geöffnet, zerlegt und untersucht. Wenn ich die Neugierde verspürte, der Funktion dieses oder jenes Apparates auf den Grund zu gehen, kam ich dem früher oder später nach. Nicht immer konnte ich für meinen Bildungsdrang das Wohlwollen meiner Eltern erhoffen. Dass ich zum Beispiel das neue Akkordeon, das ich zu Weihnachten geschenkt bekommen hatte, mit einer Schere in der Mitte auseinanderschnitt, um herauszufinden, wo genau die Töne herkamen, wollten meine Eltern nicht toll finden.

Ab und zu musste ich selber einsehen, dass nicht alles, was ich an handwerklichen Versuchen unternahm, gut war. Offenbar waren Versuch und Irrtum nicht immer geeignete Methoden, vor allem nicht dann, wenn der Irrtum mit fiesen Schmerzen einherging oder gar tödlich enden könnte. Darauf wurde ich aufmerksam, als ich versuchte, die Heimorgel wieder in Betrieb zu nehmen, die ohne Funktion im Zimmer herumstand. Der Stecker war kaputt. Da ich aber plötzlich Lust hatte, auf dem Instrument herumzuklimpern, musste ich das Ding irgendwie wieder an den Strom bekommen. Ich schaute mir den defekten Stecker an. Ein Kontaktstift war aus dem Kunststoff herausgebrochen und baumelte neben dem Stecker herum. Es müsste doch gelingen, den Stecker mit dem noch festen Stift halb in die Steckdose zu führen und den losen Stift anschließend nachzuschieben. Dann könnte man den Stecker vollständig hineindrücken, beide Stifte wären drin, und das Instrument hätte Strom. War doch ganz einfach und logisch. Mit etwas Kraft und Geschick überlistete ich die Kindersicherung der Steckdose, die man eigentlich mit den beiden Stiften des Steckers drehen musste, um diesen einführen zu können. Aber es funktionierte auch mit nur einem Stift und etwas Nachhilfe. Und dann war das zweite Loch frei für den losen Stift. Ich setzte ihn passend an und drückte ihn mit dem Daumen hinein …

Ich zuckte. So fühlte sich also Strom an. 220 Volt. Gleichzeitig wusste ich sofort, was los war. Wie konnte ich nur einen solchen Denkfehler gemacht haben? Ein unbekannter Schmerz flutete meinen Körper. Und obwohl ich den Finger längst weggezogen hatte, blieb der Schmerz. Der Daumen war äußerlich taub, dennoch spürte ich ein stechendes Kribbeln wie von hundert Wespenstichen, deren Stacheln bis in die Muskeln des Fingers durchgedrungen waren. Der Schmerz zog den Arm hoch, den ich kaum noch bewegen konnte, und verlor sich dann irgendwo in meinem Körper. Mein Herz schlug wie wild. Immerhin lebte ich noch. Das Orgelspielen hatte sich indes erledigt.

Womit meine Eltern meine ungezügelten Schaffenstriebe zu kanalisieren versuchten, war geeignetes Spielzeug. Das, womit ich nicht ausreichend kreativ sein konnte, beschäftigte mich nicht hinreichend lange. LEGO war an vielen Tagen geeignet, mich gefahrlos und vor allem für eine sehr lange Zeit zu binden. Dann konnte ich selbstvergessen und für etliche Stunden in meinem Zimmer sein, ohne dass irgendwer etwas von mir mitbekam, außer dem Rascheln der Legosteine. Gebaut wurde, was die Wanne an Steinen hergab. Fertig war ich an Legotagen erst, wenn keine Steine mehr da waren, die irgendwie noch sinnvoll hätten verbaut werden können. Häufig endete das Legospektakel so, dass neben all den Gebäuden und Fahrzeugen eine komplette Stadt mit sämtlicher Infrastruktur erstellt war. Das bedeutete, dass das Kinderzimmer eine einzige Legostadt war, mit Straßen, Eisenbahnschienen, Flugplätzen, Bergen, Grünflächen, Tunneln und allem anderen. Dann war praktisch „Betreten verboten", so lange, bis ich es selber leid war, nachts auf Steine zu treten, wenn ich mal aufs Klo musste. Manchmal war es meine Mutter, die zuerst die Geduld verlor, wenn sie der Meinung war, dass die Stadt jetzt lang genug gestanden hätte, dass sie das Bett frisch beziehen oder das Zimmer putzen müsste.

Kai aus der Kiste

Ich hatte einen Hang zum kreativen Chaos, zur Erosion, zu lustigen Streichen und fiesen Gemeinheiten. Zu meiner Ehrenrettung muss ich allerdings sagen, dass ich nicht immer selbst die Initiative ergriff. Auch andere hatten Dummheiten oder Flausen im Kopf, für die ich mich allerdings gerne einspannen ließ.

Leo hatte einmal die Idee, seine Mutter „reinzulegen". Dabei war das Vorhaben rückblickend so perfide und fies, dass ich mich später dafür schämte. Zumindest ein bisschen. Damals war mir die Tragweite dessen, was wir auslösen würden, nicht bewusst. Obwohl – tatsächlich hatte ich gezögert; von dem Plan war ich nicht vollends überzeugt. Durchgezogen haben wir ihn dennoch. Es mochte sein, dass Leo auf die Idee kam, weil er intuitiv zu prüfen versuchte, wie sehr es seine Mutter treffen würde, wenn er ums Leben käme. Vielleicht wollte er auf sich aufmerksam machen und Zuwendung bewirken. Bosheit oder die Absicht, seiner Mutter bewusst zu schaden, habe ich nicht bei ihm gespürt. Vielleicht hätte ich dann auch nicht mitgemacht. So schien es lediglich ein gemeiner Streich zu sein.

Ich rannte die Treppe runter. Und während ich die Stufen hinunterpolterte, rief ich: „Frau Nöller, kommen Sie schnell, der Leo ist aus dem Fenster gesprungen!" „Was?! Um Gottes Willen!" Mit angsterfüllter Stimme sprang sie auf. „Das darf doch nicht wahr sein!" „Kommen Sie schnell hoch!", rief ich ihr zu. Dass sie hochkommen sollte, wo doch der Sohn aus dem zweiten Stock gesprungen war und mutmaßlich nun auf der Straße liegen musste, hatte sie in ihrer Panik offenbar nicht bedacht. Oder sie folgte mir blindlings vor Angst. Oben angekommen, fragte sie entsetzt: „Wo ist es passiert?" Ich wies auf das offene Fenster in Leos Zimmer. Sie stürzte hinein, rannte ans Fenster und blickte nach unten. „Wo ist er denn?", fragte sie Hilfe suchend und überfordert. „Eben lag er noch da unten", versicherte ich ihr. „Aber das kann doch nicht wahr sein! Wo ist er?"

Das wäre der Moment gewesen, wo Leo aus der Holzkiste rauskommen wollte. Aber er kam nicht. Und da stand ich nun und wusste auch nicht, wie ich die Geschichte jetzt plausibel weiterspinnen sollte. Ich klopfte an die Kiste. Nichts. Frau Nöller schöpfte jetzt Misstrauen und begann, an dem Geschehnis zu zweifeln. „Was ist hier los?", wollte sie wissen. „Wo steckt Leo?" Und da zeigte ich auf die große Holzkiste im Zimmer, wo er sich versteckt hielt. Sie öffnete den Deckel und fand dort ihren Sohn, der jetzt unversehrt aus der Kiste kletterte.

Frau Nöller war fassungslos, schockiert und gleichzeitig erleichtert. Wie wir nur auf eine solche Idee kommen könnten? Das wäre so unfassbar gemein. Das sollten wir nie, nie, nie wieder tun, ob uns das klar wäre?! Kleinlaut versprachen wir ihr das. Dennoch glaube ich, dass Leo die Aktion mit einer gewissen Genugtuung für sich verbuchte. So kam es mir zumindest vor.

„Oh!"

Es gab gar nicht so viele Taten, die ich entweder sofort oder nachträglich aus einem echten Mitgefühl heraus bereut habe. Die Nummer mit Leos Mutter gehörte zumindest halbwegs dazu. Etwas, zu was ich mich gerne hatte verleiten lassen und was mich rückblickend noch viel mehr beschämte, hatte mit einem sehr leckeren Erdbeerkuchen zu tun.

Ich war bei Johannes zu Hause. Ich glaube, es muss ein Sonntag gewesen sein. Johannes war ein Freund, bei dem man weniger spontan aufkreuzte. Zumeist hatte man eine Zeit ausgemacht und sich für einen bestimmten Zweck verabredet. Johannes' Eltern waren nicht da und würden erst später am Nachmittag zurückkommen. Wozu wir uns an jenem Tag verabredet hatten und was wir taten, weiß ich nicht mehr. Ich erinnere mich aber sehr gut daran, dass wir irgendwann im Wohnzimmer saßen. Ein wunderbarer Erdbeerkuchen war fürs Kaffeetrinken vorbereitet. Ein weicher, fluffiger Boden, belegt mit dicken saftigen Erdbeeren und übergossen mit süßem rotem Tortenguss. Daneben stand eine Schüssel mit frisch geschlagener Sahne. Die Eltern waren zwar noch nicht zurück, aber Johannes meinte, dass wir von dem Kuchen ruhig schon ein Stück essen könnten. Dazu wäre er schließlich gedacht. Ich fand das zwar nicht ganz in Ordnung, aber widersprechen wollte ich nicht, denn der Kuchen sah zu verlockend aus. Johannes brachte Teller, Gabeln, die Sahne, und wir setzten uns zusammen an den Tisch. Er bediente. Jeder von uns bekam ein großes Stück und Sahne obendrauf. Der Erdbeerboden war so unglaublich lecker! Frische süße Erdbeeren mit einem herrlich intensiven Geschmack! Auf ein zweites Stück hatten wir beide übergroße Lust, welcher wir ohne Bedenken nachgaben. Aber wenn man einmal anfängt … und „satt" im eigentlichen Sinne waren wir nach zwei Stücken ja noch nicht – also nahm jeder ein drittes Stück des feinen Kuchens, von dem daraufhin die Hälfte verspeist war. Köstlich!

Johannes meinte, wir sollten ruhig ein weiteres Stück essen. Wir könnten ja wohl noch eins vertragen. Ich zögerte. Ob denn seine Eltern, die sicher gleich zurückkämen, nicht auch Kuchen wollten. Er meinte, das sei schon in Ordnung, und außerdem bliebe ja auch noch genug übrig. Also aßen wir beide ein viertes Stück. Warum es dann schlussendlich jeweils fünf wurden, konnte ich mir im Nachhinein beim besten Willen nicht erklären. Wir taten es einfach. Ja, tatsächlich blieben von dem ganzen Erdbeerboden am Ende nur zwei Stückchen übrig. Zehn Stücke waren in unseren Bäuchen verschwunden!

Noch während wir übersatt am Tisch saßen, kamen Johannes' Eltern nach Hause. Gewiss freuten sie sich nun auf ein gemütliches Kaffeetrinken mit leckerem Erdbeerkuchen. Gerade dabei, die Mäntel abzulegen, schauten sie kurz zu uns ins Wohnzimmer herein und begrüßten uns. Als sie die beinahe leere Platte entdeckten, fragte Johannes' Mutter, was denn mit dem Kuchen geschehen sei. „Den haben wir gegessen!", sagte der. Die einzige Äußerung seiner Mutter, die mich ins Mark meines schlechten Gewissens traf, war: „Oh!" Ja, das war echt gemein – aber auch wirklich lecker!

Nichts bereut

Wie gesagt – manche Gemeinheit, Dummheit oder Wahnsinnstat gegenüber anderen tat mir leid. Dass man nicht mit Steinen warf, schon gar nicht mit großen, wusste jedes Kind. Dennoch tat ich es einmal. Keine Ahnung, warum. Andreas hatte sich im Gebüsch versteckt. Vielleicht wollte ich ihn aus seinem Versteck herauszwingen? Wirklich treffen wollte ich ihn natürlich nicht. Ich sah ja gar nicht, wo genau er sich aufhielt. Aber es passierte, was passieren musste und nie hätte passieren dürfen. Mit einer Platzwunde am Kopf kam er blutend aus dem Gesträuch. Was hatte ich getan? Wie schrecklich! Ich war total betroffen und bot ihm meine Hilfe an, ohne wirklich zu wissen, wie ich hätte helfen können. Er lehnte rasch ab, sagte nur, es wäre nichts und rannte blutend nach Hause.

Nun ja, Leos und meine Freundschaft begann auch alles andere als harmonisch. Wir lernten uns im Kindergarten kennen. Da hatte ich bereits einen Freund und Leo geriet irgendwie zwischen uns. Auf dem Heimweg vom Kindergarten an der Böschung zum Schützenplatz rief ich ihn unter dem Vorwand, ihm etwas Geheimes ins Ohr sagen zu wollen, zu mir. Und als er ganz dicht bei mir stand, schubste ich ihn die Böschung hinunter. Obwohl ich in dem Moment der Umsetzung meiner Tat von ihr und der darin liegenden Macht fasziniert war, tat mir diese niederträchtige Gemeinheit – kaum ausgeführt – entsetzlich leid. Wie konnte ich nur so fies sein? Auch heute denke ich noch voller Scham daran zurück.

Aber das war es eigentlich. Sonst habe ich kaum etwas ernstlich bereut. Nicht, als ich die Schultasche des Lehrers im Mülleimer versenkte, nicht, als ich meiner großen Schwester ein Einmachgummi ins Gesicht geflitscht hatte (obwohl das wirklich schändlich war), und nicht, als ich ihr, während sie schlief, mit ihrem eigenen neuen Filzstift in Form einer dicken Maus die Füße grün anmalte. Es tat mir nicht leid, wenn ich meinen Geschwistern die Süßigkeiten wegaß, nicht, wenn ich im Jähzorn meine Mutter anbrüllte und auf dem Weg in mein Zimmer der Reihe nach alle Türen derart zuknallte, dass die Schlüssel aus den Schlüssellöchern flogen. Und auch nichts von alledem, was noch kommen würde.

Kommando „Attacke!"

Im Kindergarten waren wir irgendwann „die Großen". Und so fühlten wir uns auch. Wir waren die Bestimmer, die Fahrkartenkontrolleure, die Aufpasser, die Anschubser, die Wegschicker, die Heulsusenbeschimpfer, die Sandwerfer, die Platzanweiser. Und wir waren die Gangsterbande. Dann sammelten wir uns am Zaun auf dem Mäuerchen. Von dort beobachteten wir die friedlich spielenden Mädchen in den Sandkästen, auf dem Karussell oder an den Maltischen, die bei gutem Wetter nach draußen gestellt wurden. Einer gab das Kommando: „Eins, zwei, drei – Attacke!" Und dann stürmten wir los, schwärmten aus über den ganzen Platz und raubten den anderen Kindern ihre Förmchen, Eimerchen, Sandsiebe und alles andere, was sie nicht schnell genug festhielten – manchmal aber auch das. Wir nahmen mit, so viel wir erbeuten konnten, und brachten es in unser bewachtes Geheimversteck. Wir erfreuten uns an den erbosten Gesichtern und an dem entrüsteten Geschrei der beraubten Kinder. Für solche und ähnliche Taten mussten wir zur Strafe am Zaun stehen. Aber die Bewachung war nachlässig und schnell waren wir wieder weg.

Gartenparty

Meine Eltern waren auf eine Gartenparty eingeladen. Herr und Frau Meyer, ein kinderloses Ehepaar, feierten ihre Silberhochzeit. Viele Nachbarn, darunter meine Eltern, und auch Freunde und Verwandte hatten eine Einladung bekommen.

Eigentlich gingen meine Eltern nie aus. Das soziale Leben außerhalb des Hauses fand überwiegend in den Kreisen der Verwandtschaft oder auf religiösen Veranstaltungen statt. Gut, es gab den Nachbarschaftstratsch für die Mutter, und der Vater spielte im Posaunenchor. Kino, Theater, Konzerte, Tanz, Sport, Schwimmen, Partys oder Reisen spielten in ihrer beider Leben so gut wie keine Rolle. Es war sicher auch nicht einfach, mit drei, später vier Kindern, darunter ich mit meinen tollkühnen Ideen, einem schmalen Budget und wenig Freizeit noch etwas anderes zu pflegen als die Familie.

Dass die Nachbarn meine Eltern zu einer Feier einluden, die zudem erst abends begann und bis in die Nacht dauern sollte, mochten sie entweder als willkommene Abwechslung empfunden haben – vielleicht aber auch als lästige Sozialpflicht. Auf jeden Fall war es etwas Besonderes. Für meine Eltern sowieso. Und soweit ich mich erinnerte, war es die erste und einzige Party dieser Art, die je in der Nachbarschaft stattfand. Auf jeden Fall gab es hier keine Ausrede fürs Nichterscheinen, denn die Meyers waren direkte Nachbarn, und die geplante Feier fand im angrenzenden Garten statt.

Ich denke, dass meine Eltern der Einladung an jenem Abend gerne folgten. Zumindest vermittelten sie nicht den Eindruck, dass sie keine Lust dazu hatten. Gut möglich, dass sie sich auf den gemeinsamen Abend ohne Kinder freuten, vermutlich den ersten seit Jahren. Und wir – damals noch drei halbwüchsige Bengels – waren zudem nicht außer Sicht-, Hör- und Reichweite.

Ich weiß, dass der Abend seitens meiner Eltern gewissenhaft vorbereitet wurde. Wir blieben etwas länger auf als sonst, es gab frische Schlafanzüge und genaue Anweisungen. Die abendlichen Rituale mit der Gutenachtgeschichte, dem Gutenachtlied und dem Abendgebet wurden mit besonderer Sorgfalt ausgeführt. „Ich bin klein, mein Herz mach rein, soll niemand drin wohnen als Jesus allein. Amen."

Zum abendlich rituellen Habitus gehörte ebenso, dass das Garagentor heruntergezogen und die Haustüre mit dem Schlüssel verschlossen wurde, damit keine Einbrecher hineinkämen. Nachdem alles getan war, was getan werden musste, gingen die Eltern nach drüben und hofften, dass wir Kinder zur Ruhe kommen und schlafen würden.

Aber direkt nebenan war ja was los! Wir hörten die Musik, das Reden und Lachen der Leute. Und nachdem wir vorsichtig den Rollladen wieder hochgezogen hatten, sahen wir die bunten Laternen und Luftballons! Neugierig und etwas neidisch drückten wir uns oben am Fenster die Nasen platt. An Schlafen war natürlich überhaupt nicht zu denken. Zumindest nicht für mich und Silke. Die große Schwester Susanne war tatsächlich eingeschlafen. Silke und ich waren aufgedreht und alberten am Fenster herum.

„Wir könnten mal rübergehen!", schlug ich Silke vor. „Aber die Haustür ist doch zugeschlossen!", warf sie berechtigterweise ein. „Wir klettern einfach aus dem Fenster und gehen über das Garagendach!", war meine brillante Idee. „Wir sind aber schon im Schlafanzug!", gab Silke zu bedenken. „Na und? Ist doch egal! Kommst du mit?"

Na klar kam sie mit. Wir öffneten das Badezimmerfenster im ersten Stock, das sich etwa einen halben Meter über dem Garagendach befand. Nachdem wir uns vergewissert hatten, dass uns niemand von der Straße, vom Garten aus oder von sonst woher sah, kletterten meine kleine Schwester und ich barfuß aus dem Fenster und standen im Dunkeln auf dem Dach unserer Garage. Von dort aus schlichen wir wie die kleinen Strolche über die beiden angrenzenden Garagendächer – noch auf gleicher Höhe gelegen – auf eine vierte Garage, deren Dach wieder etwas höher lag. Hier halfen wir uns gegenseitig oben rauf. Jetzt war es nicht mehr weit. Der Torbogen mit der schmiedeeisernen Tür zum benachbarten Garten war bereits erreicht. Von dort aus konnte man rechts auf die Mauer runter, die bereits Teil des Grundstücks war. Und dann standen wir beide im Schlafanzug inmitten der verdutzten Gäste, zuerst auf der Terrasse, danach auf der Wiese und lachten uns vor Freude kaputt. Unsere Eltern konnten nicht so richtig mitlachen, insbesondere nicht, nachdem sie erfahren hatten, auf welche Weise wir hergekommen waren. Und jetzt, wo wir da waren, wollten wir natürlich alles sehen, was es zu sehen gab. Dabei wurde schnell klar, dass da wenig Interessantes für uns Kinder dabei war. Einzig das Luftgewehrschießen fand ich toll. Aber da mussten wir aus der Schussbahn gehen. Die anderen Erwachsenenspiele und das ganze Reden war nichts für uns. Immerhin hatten wir alles gesehen, die Überraschungsfreude hatten wir ohnehin eingestrichen, und nun ließen wir uns freiwillig abführen. Mit schmutzigen Füßen zu Hause im Bett konnten wir diesmal wirklich schlafen. Vielleicht hatten unsere Eltern jetzt doch noch einen schönen Abend. Ausreichend Gesprächsstoff gab es jetzt auf jeden Fall.

Freizeitheim

Mit der Jungschar fuhr ich auf eine Winterfreizeit nach Oberdreiseldorf. Das dortige Freizeitheim war eine Anlage mitten im Wald, die zum CVJM Anderstadt gehörte. Auf dem abschüssigen Gelände standen im unteren Bereich drei Nurdachhäuser – Dreieckshütten aus Holz, deren steile Dächer bis zum Boden gingen. Sie dienten als Schlafhütten und besaßen, außer drei kleinen Fenstern, einer Tür, den zwölf Matratzen in Holzgestellen und dem kleinen Gasofen, der die Hütte heizte, keinerlei Ausstattung. Weiter oben, im Eingangsbereich des Geländes, lagen ein Parkplatz, die Gemeinschaftsräume und Leiterzimmer, Küche, Duschen und Toiletten.

Mein Urgroßvater war Gründungsmitglied des Anderstädter CVJMs gewesen. Die Häuser hier hatte mein Opa mit erbaut. Sein Schwager Fritz war Schreiner und bei dem einen oder anderen Auftrag half mein Opa mit. Die Türen in unserem

Haus in der Schillerstraße zum Beispiel hatten die beiden zusammen geschreinert und eingebaut.

Jungscharfreizeiten waren für mich wie für viele andere Jungen in meinem Alter, die oft nicht wussten, was sie mit ihren überschüssigen Energien anfangen sollten, eine wirklich gute Sache. Hier konnte man sich ordentlich abarbeiten und dabei seine Kräfte mit Gleichaltrigen messen. Man musste sich als Teil der Gemeinschaft zwangsweise zusammenraufen, damit man die Zeit möglichst gut überstand und gemeinsam all die wilden Spiele, Wettkämpfe und Mutproben mit Aussicht auf Erfolg angehen konnte. Meinen Eltern und auch meinen Geschwistern gönnte ich nachträglich jeden Tag, wo ich zu Hause keinem auf die Nerven gehen konnte.

Was mich allerdings im Gegensatz zu vielen anderen Freizeiten hier störte, war die Tatsache, dass nur Jungs dabei waren. Ich fand das äußerst schade. Wen sollte man mit seinem Können, seinem Mut und den prahlerischen Sprüchen beeindrucken?

Ich gebe zu, dass das mit dem Beeindrucken auf anderen Freizeiten nicht immer funktioniert hatte und manchmal in Peinlichkeiten geendet war. Auf der Suche nach Holz für ein großes Lagerfeuer mühten sich einmal drei Mädchen mit einem kleinen Bäumchen ab, das sie zur Feuerstelle schleppen wollten. Sie zerrten zu dritt an dem armen Baum herum, bekamen den aber kaum fortbewegt. Als ich an ihnen vorbeikam, meinte ich, dass sie sich nicht so anstellen sollten, das kleine trockene Ding würde ich ja wohl alleine schaffen. Doch das wollten sie sehen. „Dann mach du es doch! Zeig's uns!", riefen sie empört, ließen von dem Bäumchen ab, verschränkten die Arme und warteten innerlich bereits triumphierend darauf, dass ich es nicht schaffen würde. Ich zog. Das blöde Gehölz bewegte sich keinen Millimeter. „Siehste! Angeber!"

Die Nummer mit der Stuhlakrobatik endete ebenfalls eher unrühmlich. In meinem Übermut wollte ich zeigen, wie toll ich auf einem Stuhl stehen könnte, den ich so kippte, dass er nur auf zwei Beinen stand. Tatsächlich gelang der Balanceakt für einige wenige Sekunden, bevor ich abschmierte und fürchterlich auf die Lehne aufschlug, wonach ich für Minuten – weinend vor Schmerzen – außer Gefecht gesetzt war. Doppelter Misserfolg.

Auf dieser Jungscharfreizeit sollte mir zusammen mit drei anderen, die meine Idee nachahmenswert fanden, indes ein „Kunststück" gelingen, das durchaus beeindruckte, wenngleich weniger im positiven Sinne.

Wenn man auf die Toilette wollte, dann musste man ganz nach oben zum Toilettenhäuschen laufen. Das war nicht nur lästig, sondern je nach Witterung und Tageszeit regelrecht unangenehm. Vor allem spätabends, frühmorgens oder gar nachts, wenn man bei Regen oder Schnee mit Schlafanzug und schnell übergestülpten Schuhen ohne Strümpfe durch den spärlich beleuchteten Wald zu laufen hatte. Da lag der Weg hinter den nächsten Baum oder hinter die Hütte viel näher.

Einmal, nach dem beendeten Abendprogramm, als sich alle schon bettfertig in die Hütte einschlichteten, kam es so. Ich musste. „Och ne, jetzt laufe ich aber nicht wieder bis ganz nach oben", dachte ich bei mir und ging einfach hinter die Hütte. Auf der Rückseite trat, genau in der Mitte, ohne größeren installatorischen Aufwand, das Abgasrohr des Gasofens aus der Wand. Lediglich ein kleines Gitter schützte den Ofen vor möglichen Fremdkörpern wie Blättern oder Ästen. Das Rohr hatte die exakte Pinkelstrahlhöhe. Und wie ich so vor mich hin strullerte, fing ich an zu grinsen, drehte mich ein wenig, und dann plätscherte es ins Ofenrohr hinein. Nach erfolgreicher Blasenentleerung war ich gespannt, ob die anderen in der Hütte etwas bemerkt hatten. Oh ja, das hatten sie! Der optische, akustische und olfaktorische Effekt im Innenraum musste beeindruckend gewesen sein. Die Flamme hatte sich offenbar wild flackernd von blau nach gelb verfärbt, es hatte gegluckert, laut gezischt und natürlich bestialisch gestunken. Davon konnte ich mich bei Eintritt in die Hütte noch selber überzeugen. Nach kurzer Aussprache kamen wir überein, dass ich das nicht wiederholen würde – zumindest nicht bei unserer eigenen Hütte. So kamen wir allerdings auf die Idee, den anderen beiden Hütten einen ebenso großen Spaß zu gönnen. Hierfür fanden sich schnell weitere Mitstreiter …

Zu viert standen wir am nächsten Morgen beim Freizeitleiter. Es gab Minuspunkte für unser Haus und irgendwelche Sonderdienste in der Küche. Aber den Spaß war's wert gewesen!

Zwei, drei Jahre später war ich mit einer Konfirmandenfreizeit am selben Ort. Damit vor allem die Jungs nicht auf blöde Gedanken kamen und zum Beispiel nachts zur Hütte der Mädchen rübermachten, entschloss sich der Pfarrer (Johannes' Vater, der die Freunde seines Sohnes kannte), nicht im Leiterzimmer zu nächtigen, sondern zusammen mit uns Jungen in der Hütte. Das beschränkte radikal die Möglichkeiten für Dummheiten und Streiche. Keinesfalls konnten wir so einen nächtlichen Ausflug zu den Mädchen wagen.

Ein solcher gelang erst im zehnten Schuljahr auf der Klassenfahrt. Kalles und mein Entschluss stand: Wir wollten uns heimlich spätabends auf den Weg zur Mädchenbaracke begeben und uns von mindestens einem Mädchen einen Kuss abholen. Wenn wir es tatsächlich schafften, bis ins Zimmer zu gelangen, war uns ein Kuss versprochen!

Der Weg von vorne war zu leicht einsehbar, die Eingangstür verschlossen. Die Rückseite der Baracken schützte ein beinahe undurchdringliches Dornengestrüpp. Das hatten wir gleich mehrfach zu überwinden – einmal bei unserer eigenen Baracke, ein zweites Mal bei den Mädchen und dann jeweils wieder auf dem Rückweg. Aber der Aufwand hatte sich trotz einiger Blessuren gelohnt, und die erhoffte Belohnung konnte erfolgreich eingefordert werden.

Dem Pfarrer während der Konfirmandenfreizeit blieb zumindest eine kleine Rache für seine unspaßige Überwachung nicht erspart. Während seiner Abwesenheit verschafften wir uns Zugriff auf sein Gepäck, suchten den Schlafanzug heraus, und eines der Mädchen nähte die Enden der Arme und Beine zu. An jenem Abend kam der Pfarrer als Letzter in die Hütte. Wir lagen alle etwas angespannt in unseren Kojen. So genau wussten wir nicht, wie er reagieren würde. Der Pfarrer war zwar herzlich und uns Kindern zugewandt, aber auch eine absolute Autorität. Wenn es sein musste, konnte er hart durchgreifen. Während einer Konfirmandenstunde hatte er einmal einen, der neben ihm Faxen machte, geohrfeigt, aber heftig! Da setzte es einen Schlag nach dem anderen. Niemand, auch keiner der Eltern, hätte je gewagt, das Wort gegen ihn zu erheben.

Er wollte sich nun für die Nacht fertig machen. Doch der Versuch, sich im Halbdunkeln, nur in Unterhose, rasch in den Schlafanzug zu pellen, scheiterte an den undurchdringbaren Enden der Extremitäten. Da steckte er fest und zappelte leicht unkoordiniert in seiner Strampelhose und der Zwangsjacke. Als er feststellte, was da los war, hat er gelacht! So herzhaft und laut, dass wir alle mitlachen konnten. Die Nähfäden hat er schließlich durch entschlossenen Druck mit Armen und Beinen gesprengt, bevor er den Schlafanzug endlich richtig anhatte und zu Bett gehen konnte.

Tierisch!

Am Ende der besagten Jungscharfreizeit nahm ich ein süßes kleines Souvenir mit nach Hause. Eine auf dem Gelände des Freizeitheims herumstreunende Katze hatte Junge bekommen. Drei der kleinen Kätzchen hatten bereits begeisterte Abnehmer gefunden und eine vierte war praktisch noch zu haben. Ich war unsicher, ob es eine gute Idee war, die Kleinen der Katzenmutter wegzunehmen und die jungen Kätzchen zu trennen, denn die hingen sichtlich aneinander. Aber da die Geschwister ja schon alle vergeben waren, nahm ich das übrig gebliebene Kätzchen eben auch noch mit.

Meine Eltern waren regelrecht brüskiert und mit einer Katze als neuem Mitbewohner ganz und gar nicht einverstanden. Ich hätte fragen müssen! Sie wollten keine Katze im Haus, schon gar keine Wildkatze, die nie stubenrein werden und tote Mäuse, Würmer, Flöhe, Zecken und was sonst noch alles anschleppen würde. Die Katze müsste draußen bleiben. „Die kommt uns nicht ins Haus!", so stand die Aussage, und da waren sich tatsächlich beide zu hundert Prozent einig! Ihren Schlafplatz erhielt das arme Viech dann auf Geheiß meiner Eltern im Ölkeller! Dort war es nicht nur dunkel, kalt, ungemütlich und schmutzig, es hatte vor allem zur Folge, dass „Strolchi" fortan nach Heizöl roch! Den süßen Kerl auf den Arm zu nehmen, war irgendwie verstörend und überhaupt nicht mehr schön – wer will schon mit einem Ölkanister schmusen? Irgendwann war das Kätzchen weg. Meine Eltern hatten es, während ich in der Schule war, nach Oberdreiseldorf zurückgebracht und versuchten, mich zu überzeugen, dass es besser so war.

Ungebetene Tiere hatten es überhaupt schwer. Da wurde die Katze, die uns nach dem Weihnachtsgottesdienst bis nach

Hause folgte, zur allgemeinen Belustigung in den Puppen-
wagen gesteckt und bekam ein Babymützchen aus feiner
Spitze aufgesetzt; die Amseln, die im Sommer die Kirschen
von Baum plünderten, mussten vor den Erbsen fliehen, die
Holger und ich aus langen Blasrohren verschossen; schwarze Ameisen lackierte ich einmal zu roten Ameisen um; und
die Wespen, die im Rollladenkasten meines Zimmers ein
Nest bauten, räucherte ich mit einem improvisierten Flam-
menwerfer aus Spraydose und Feuerzeug aus, nicht ohne
meinen Vater auf den Plan zu rufen, der ernsthafte Sorge
hatte, dass ich damit gleich das ganze Haus in Brand setzen
würde.

Eines Nachmittags entdeckten wir beim Spielen auf Hilkos
Grundstück direkt an der kleinen Böschung zum Bürgersteig hin ein Wespennest in der Erde. Da ging es munter rein
und raus. Von den vielen Wespen fühlten wir uns in unserem Tun gestört, denn immerhin konnten die Mistviecher
stechen! Nach unserer Überzeugung gab es keine Daseins-
berechtigung für diese fiesen Tiere. Doch wie sollte man denen zu Leibe rücken? Das Nest war in der Erde geschützt.
Wie so häufig war Feuer die naheliegendste Lösung. Direkt
vor dem Eingang postierten wir einen Spirituskocher. Die
Flamme justierten wir genau vor dem Loch des Erdnestes.
Jedes Biest, das dort ein- oder ausfliegen wollte, musste
zwangsläufig die Feuerstelle passieren, was zur Folge hatte,
dass keine Wespe dort mehr flugfähig rein- oder rauskam.
Triumphierend feierten wir unseren Erfolg und entledigten
uns auf diese Weise etlicher unvorsichtiger Tiere, die den
Weg durch die Flamme nicht scheuten.

Eine Unachtsamkeit beendete indes unsere tierquälerische
Säuberungsaktion. Der etwas wackelig postierte Spirituskocher kippte um und fiel auf den Bürgersteig. Dabei ergoss
sich der flüssige Spiritus brennend über den Gehweg. Feu-
erflammen flossen über den Asphalt. Das sah beeindruckend aus. Flüssiges Feuer, das den Gehweg flutete. Das
war viel interessanter und weniger entsetzlich anzusehen als
Wespen, deren Flügel im Flug verbrannten und die daraufhin abstürzten wie ein im Krieg getroffenes Flugzeug. Das
Volk der Erdwespen überlebte dann unseren heimtücki-
schen Angriff, weil es keinen Brennspiritus mehr gab.

Peepshow

Meine erste Liebe war Mareike. Sie war Tochter der Bäckereifamilie Finkenberg in Anderstadt. Ich hatte so unverfälschte und echte Gefühle für sie, wie man sie vielleicht nur als Kind haben kann, wenn das sexuelle Verlangen noch keine ernstliche Rolle spielt. Einmal trafen wir uns nach der Schule in der Backstube der Bäckerei zum Spielen. Wir saßen zusammen auf dem Boden in einem hinteren Zimmer, das vermutlich als Aufenthaltsraum diente. Was könnte je in meinem Leben besser riechen als dieser Augenblick? Das Mädchen, das ich begehrte, weil es so fremd, so rein, so unfassbar gut roch – in Kombination mit dem Geruch von frischem Backwerk! Das war doppelt aphrodisierend! Für mich, als jemanden, bei dem Gerüche unwillkürlich Erinnerungen und Gefühle triggerten, waren Bäckereien fortan erotische Orte.

Mareike ging mit meiner jüngeren Schwester Silke in dieselbe Klasse, weshalb sie häufiger bei uns war. Das waren schöne Nachmittage. An einem Tag besuchte sie wieder meine Schwester, und Holger war bei mir zum Spielen. Zu viert kamen wir auf den Gedanken, eine Peepshow zu veranstalten. Schließlich waren wir neugierig, wie das jeweils andere Geschlecht nackt so aussah. Für mich und meine Schwester war das Vorhaben dabei weniger von gegenseitigem Interesse geprägt, aber es gab ja jeweils noch einen anderen zum Hingucken. Der Plan war, dass sich zuerst die Mädchen, danach wir beiden Jungen in der Waschküche einschlossen, die Hosen runterließen und sich dann vor den beiden Fenstern für die jeweils anderen zur Schau stellten. Und genauso haben wir es dann getan! Paarweise zogen wir blank und ließen die anderen von draußen gucken.

Obwohl Mareike eher schüchtern schien, hatte sie offenbar genauso lustvolle Gedanken wie ich. „Stille Wasser …", wie man so sagt. Mareike war auch die Erste, die ich ein paar Jahre später richtig auf den Mund geküsst habe. Ich hatte sie abends nach Hause begleitet und wir verabschiedeten uns mit innigen Küssen. Da war ich vielleicht vierzehn und sie musste zwölf gewesen sein. Für uns beide eine Premiere. Das, was über erste Küsse vielleicht oft verklärt und mystisch fabuliert wird – hier war es so. Es war ein magischer Moment, der allen denkbaren Klischees entsprach und ein Feuer aus Gefühlen entfachte. Leider war Mareike auch die

Erste, derentwegen ich nur wenig später unzählige Tränen aus Eifersucht und Liebeskummer vergoss.

Peepshows ohne Wissen des Gegenübers gab es im Anderstädter Freibad. Hier hatten irgendwelche „Spezialisten" kleine Löcher in die Kabinenwände einiger Umkleiden gebohrt, die weiter hinten im etwas dunkleren Bereich lagen. Wenn man mit einem Auge ganz dicht heranging, konnte man durch das winzige Loch in die andere Kabine schauen. Als das jemand von uns spitzbekommen hatte, verbreitete sich diese Kunde wie ein Lauffeuer. Man hätte annehmen müssen, dass bald so viele Besucher davon wussten, dass niemand mehr die manipulierten Kabinen aufsuchte. Aber dem war nicht so. Und so konnte ich mich still in eine Umkleidekabine auf die Lauer legen und auf Beute harren. Wenn dann Männer diese Kabinen „mit Einblick" wählten, hatte ich Pech gehabt. Auch die „alten Omas" gehörten nicht zur bevorzugten Kundschaft. Dann verließ ich meinen Ansitz und begab mich woanders auf die Jagd. Irgendwann wurde das Warten belohnt. Einmal war ein jugendliches Mädchen in der benachbarten Kabine. Ich schaute ihr unbemerkt zu, wie sie sich umzog. Ein wirklich schöner Körper offenbarte sich direkt vor meinem Auge. Als ich das Mädchen später im Freibad wiedersah, war ich überrascht, dass der Bikini nicht einmal ansatzweise die tatsächlich vorhandenen Geschlechtsmerkmale der bedeckten Körperstellen zu erkennen gab. Aber ich wusste ja, wie sie aussah und erfreute mich an dieser heimlichen Kenntnis.

„… aber ohne Ficken!"

Schon früh entwickelte ich sexuelle Interessen. Erotische Phantasien und erregende Träume hatte ich bereits, noch ehe ich genau wusste, wozu der kleine Pimmelmann außer zum Pinkeln noch gut wäre. Leo tickte ganz ähnlich. Auch das verband uns in unserer Freundschaft. In seinem Falle mag das elterliche Verhalten eine Rolle gespielt haben, das aus sexuellen Belangen kein Geheimnis machte. Die Männermagazine voller Fotos von nackten Frauen lagen jedenfalls offen in der Wohnung herum. Meine Eltern waren da ganz anders. Meine Mutter war zwar Hebamme und von Berufswegen her aufgeklärt. Aber Abbildungen oder gar Filmszenen nackter Menschen waren tabuisiert. Da wurde peinlich berührt weggeschaltet oder schnell weitergeblättert. Die sexuelle Paranoia ging so weit, dass sogar eine Hörkassette mit „schmutzigen Witzen" versteckt wurde, weil man sie für uns Kinder als ungeeignet betrachtete. Wenn meine Mutter gewusst hätte …

Mit sieben oder acht Jahren lagen Leo und ich öfter völlig nackt nebeneinander im Zelt, das manchmal in seinem Zimmer aufgebaut war. Dann schauten wir uns gemeinsam und ziemlich erregt die Hefte mit den nackten Frauen an. Dabei entdeckte ich, dass die weibliche Anatomie doch wesentlich komplexer schien, als die vereinfachten Abbildungen und Zeichnungen der für Kinder gedachten Bücher mutmaßen ließen, die das Geschlechtsteil lediglich in Form eines bloßen Strichs andeuteten. Das war eine interessante Erkenntnis! Und natürlich fanden wir die eigene und fotografisch dargestellte Nacktheit als überaus sinnlich. Ich würde zwar nicht so weit gehen zu sagen, dass wir homoerotische Gefühle füreinander entwickelten. Aber es gab dieses gemeinschaftliche Erleben von Sexualität, die wir auf diese Weise miteinander teilten. Auch im Spiel kam dies hin und wieder zum Tragen. Wir spielten „Erwachsensein", was schließlich unser beider Wunsch war, verabredeten das Spiel aber „ohne Ficken". Leos Vater musste das mitbekommen haben. Irgendwann kam er zu uns und suchte das offene Gespräch, von Mann zu Mann sozusagen. In einer sachlichen, unaufgeregten und beinahe professionellen Art klärte er uns darüber auf, dass er das Wort „Ficken" für unangemessen hielt. Dies sei ein unpassender Begriff für das, was wir mit „Sex haben" oder „miteinander schlafen" bezeichnen sollten. Unser Spiel selbst sei völlig okay und nicht zu beanstanden. Nur sollten wir bitte das, was wir da spielten, auch richtig benennen.

Oh Mann, wie peinlich! Der hatte ja gar keine Ahnung! Das meinten wir doch gar nicht! Wie konnte der das nicht wissen? „Ficken" bedeutete für uns doch nicht „Sex machen", sondern sich gegenseitig in den Pimmel zu kneifen! Das war es, was wir vereinbart hatten, im Spiel zu unterlassen. Aber gut – darüber ließen wir ihn besser im Unklaren und vermieden jetzt einfach dieses Wort.

Im Schwimmbad

Das riesige Anderstädter Freibad mit seinen sechs unterschiedlichen Schwimmbecken war für mich wie für viele von uns damals absoluter Lieblingsort. Dabei wollten das flüssige Nass und ich ganz am Anfang so gar nicht zueinanderpassen. Mein erster Besuch im Hallenbad am selben Ort begann damit, dass mich mein Vater drei volle Runden ums Becken jagte, weil ich partout nicht ins Wasser wollte. Erst als ich auf den nassen Fliesen ausrutschte und unter eine Bank schlitterte, bekam er mich zu fassen. Danach führte am erzwungenen Badeglück kein Weg mehr vorbei.

Das lag lange zurück. Hier im Freibad war ich an sonnigen Nachmittagen und in den Ferien beinahe täglich anzutreffen, so lange, bis die Sonne unterging oder der Sonnenbrand den Heimweg einforderte. Das Freibad verhieß neben dem Wasserspaß vor allem Körperschau, Freunde treffen, draußen sein, faulenzen, Musik hören, spielen, sich braun braten lassen, Pommes essen und nassen Unfug treiben. Das Freibad war ein Lebensgefühl.

Außerdem gab es hier ein tolles Unterhaltungsprogramm. Ein- bis zweimal täglich tönte über die Lautsprecher: „Achtung – der Zehner wird geöffnet!" Dann begann wenig später eine Show, zu der das halbe Freibad ans Springerbecken pilgerte. Dicht nebeneinander nahm man auf den Stufen rund um das Becken Platz, um dem Spektakel beizuwohnen – sofern man nicht selber zu den Tollkühnen gehörte, die sich am Sprungturm anstellten und – von Dutzenden Gaffern beäugt – einen Sprung in den nassen Abgrund wagten. Wer hier verkackte, weil er keine gute Figur abgab oder gar einen Rückzieher machte, tat dies vor der versammelten Schwimmbadgemeinde. Das war jedem klar, der den Weg nach oben antrat. Allein die zweite fünf Meter lange Leiter, die vom „Fünfer" aus weiter nach oben führte, war bereits die erste Mutprobe. Da diese zwischen den beiden Sprungtürmen, außer oben und unten, nirgendwo sonst befestigt war, geriet die beim Hinaufklettern ansehnlich in Schwingungen. Hier, so ungeschützt, mit nassen Händen und Füßen an dem glatten Metall hochzuklettern, war schon beim Zuschauen eine Herausforderung. Manchmal, wenn jemand von ganz oben beim Anblick der überraschenden Tiefe das Badehosenflattern bekam und die Leiter wieder retour gehen musste, dann wollte man gar nicht erst hinsehen. Etwas peinlich war es überdies, weil man im schlimmsten Falle vom Bademeister bereits per Megafon mit „Der Nächste!" angekündigt worden war. Aber eigentlich nahm es einem niemand übel, wenn man nicht sprang. Wer es nicht aus eigener Erfahrung wusste, der ahnte zumindest, worauf man sich da einlassen würde.

Diejenigen, die sprangen, wurden von uns bewundert und die Verwegensten unter ihnen als Helden verehrt. Mancher erlangte Kultstatus, wie der bärtige Bud-Spencer-Typ mit den Halsketten, dem Ohrring, den Tattoos am Körper und mehreren Totenkopfabzeichen auf der Badehose. Der sprang mit oder ohne Anlauf alle möglichen spektakulären Dinger wie Saltos, gehechtete Kopfsprünge, solche aus dem Handstand, Rückwärts- oder Seemannsköpper. Seine Spezialität waren monströse Paketsprünge mit dem Ziel, möglichst nah am Beckenrand zu landen und dabei so viel Wasser wie möglich auf die Zuschauer zu spritzen. Für alle nicht direkt Betroffenen ein riesengroßer Spaß.

Ich selbst hatte den Zehner genau dreimal mit läpschen Fußsprüngen probiert, nur um festzustellen, dass es mir zum einen keinen Spaß machte und dass überdies keine Aussicht bestand, mich aus dieser Höhe mit etwas ansehnlicheren Sprüngen zu profilieren. Also schaute ich lieber denen zu, die es entweder besser konnten oder aber noch spektakulärer scheiterten, was ebenfalls unterhaltsam war. Da konnte einem bei einem Bauch- oder Rückenplatscher schon beim Zugucken die Luft wegbleiben.

Außerdem gab es genügend andere Gelegenheiten, sich mehr oder weniger gewollt der Peinlichkeit preiszugeben. Zum Beispiel, als ich einmal vergaß, mein Unterhemd auszuziehen, und es erst bemerkte, als es unter der Dusche nass wurde. Solche Art Zerstreutheit traf Hilko einmal viel schlimmer. Er war stark fehlsichtig und hatte gerade für viel Geld neue Kontaktlinsen bekommen. Vor dem ersten Sprung ins Becken hatte er nicht daran gedacht, diese herauszunehmen. Das erledigte dann das die Augen umströmende Wasser. Weg waren sie. 500 Mark oder so schwammen jetzt unsichtbar irgendwo am Grund des Schwimmerbeckens umher oder waren bereits in die Ablaufrinne geschwemmt worden. An diesem Nachmittag

110

erprobten wir alle unsere Tauchfertigkeiten und versuchten, dem armen Kerl seine Kontaktlinsen wiederzubeschaffen. Eine fanden wir tatsächlich am Grund des Beckens, die andere blieb verschwunden. Der Tag war für Hilko gelaufen.

Einmal hatte ich mich mit Wolfram zum Schwimmen verabredet. Wolframs Vater hatte Urlaub und wollte uns ins Freibad fahren. Solche Angebote kamen immer sehr gelegen, denn das Freibad befand sich weit oben auf dem hinteren Teil des Luisenbergs und war damit nur schwerlich zu Fuß zu erreichen. Ich sollte um halb drei bei Wolfram sein. Der wohnte nicht weit entfernt und ich machte mich eben zu Fuß auf den Weg. Doch in der Bertolt-Brecht-Straße, wo er wohnte, wurden gerade Gasleitungen verlegt. Ausgerechnet an jenem Nachmittag waren die Arbeiten an seinem Haus angelangt. Der Bürgersteig direkt vor der Einfahrt zur Garage war aufgerissen worden und damit unpassierbar. Aber wir wollten doch jetzt losfahren! Keine Chance – das Auto würde für die nächsten drei Stunden nicht aus der Garage kommen können. Da standen wir ein wenig ratlos und enttäuscht mit unserem Schwimmzeug in der Hand. Wolframs Vater sprach den Baggerfahrer auf die Misere an. Der sah überhaupt kein Problem und bot kurzerhand an, uns beide zum Schwimmbad zu fahren – mit dem Bagger! Wir konnten das zunächst nicht glauben, aber sein Angebot war ernst gemeint! Also nahmen wir im Führerhaus Platz, und dann fuhren wir los! Ja, Wolfram und ich wurden mit unserem privaten Spezialtaxi, einem JCB-Baggerlader, bis vor den Eingang des Schwimmbades gefahren. Die ungläubigen Blicke der anderen ankommenden und bereits wartenden Freibadbesucher waren unvergesslich!

Wann immer es möglich war, versuchte ich beim Eintritt in das Freibad, das Bezahlen zu vermeiden und mich einfach an der Kasse vorbeizumogeln. Einen Schließfachschlüssel brauchte man nicht zwingend, man musste eigentlich nur irgendwie reinkommen. Dies funktionierte zum Beispiel, wenn sich gerade mehrere Personen am Eingang tummelten, dann konnte man hinter oder sogar mit ihnen zusammen unbemerkt reinflutschen. Ich fand das nicht sonderlich verwerflich, denn das vermeintlich gesparte Geld blieb ohnehin im Schwimmbad – für Süßigkeiten, Pommes oder Getränke.

Von den trickreich gesparten Münzen hatte ich mir einmal

eine Bratwurst gegönnt. Bei dem, was ich üblicherweise an Taschengeld zusätzlich zum Eintrittsgeld mitbekam, wäre die normalerweise nicht drin gewesen. Nun freute ich mich ganz besonders! Kurz vor meinem Liegeplatz auf der Wiese biss ich genussvoll das erste Stück ab und begann zu kauen. Doch was war das? Die Wurst bewegte sich in meinem Mund! Genau genommen fing sie an, in meiner Mundhöhle herumzufliegen! Mir schwante, dass es nicht die Wurst war, die da etwas strohig zwischen meiner Zunge und dem Gaumen unterwegs war. Eine Wespe! In meinem Mund! Durch die schlagartig aufkommende Panik entledigte ich mich in einer außergewöhnlich heftigen Reaktion des gesamten Mundinhaltes, indem ich alles in weitem Bogen ausspie und so oft nachspuckte, bis ich mir sicher sein konnte, dass auch die Wespe draußen war. „Hast du gesehen? Der Idiot spuckt seine leckere Wurst weg!", hörte ich jemanden sagen. „Ach nee, glaubst du, dass ich das mache, weil die so lecker schmeckt, oder was?", dachte ich bei mir. „Selber Idiot!" Immerhin war noch genügend Wurst übrig, was mich über den Schrecken, den Verlust und die doofe Bemerkung hinwegtröstete. Allerdings habe ich dann besser hingeguckt, was genau ich da gerade abbiss.

Hänschen klein, ging allein ...

... in den Anderstädter Turnverein, turnt' am Reck, fiel in' Dreck, und die Nas war weg. Kam der Doktor Heilemann, klebt' die Nas mit Zucker an. Abgeleckt, gut geschmeckt, und die Nas war wieder weg.

Was zu Beginn meiner Sportlerkarriere mit solch argloser Kinderlyrik und ebenso harmlosen Turnübungen begann, endete in wildem Fußballgemetzel, bei dem die dafür nicht geeignete Turnhalle Stück für Stück zerledert wurde.

Fußball war unser Lebenselixier. Noch bevor wir uns die Möglichkeit geschaffen hatten, in der Turnhalle spielen zu können, bolzten wir in der Kaufmannstraße. Gespielt haben wir gefühlt in jeder freien Minute. Oh ja, die Anwohner waren sich sicher, dass wir täglich Fußball spielten, denn mit unseren Schüssen auf das betongefertigte Buswartehäuschen, das unser Tor darstellte, haben wir so manch bemitleidenswerten Erwachsenen in die Verzweiflung getrieben. Besonders hart traf es einen Lehrer, der genau gegenüber

wohnte. Offenbar war der schon ohne unser Zutun dermaßen mit den Nerven fertig, dass er, wenn er es gar nicht mehr
aushielt, das Fenster öffnete, wild ausrastete und uns laut-
hals beschimpfte. Aber Fußball zu spielen, war unser gutes
Recht, wie wir fanden. Und da pflichtete uns auch Hilkos
Vater bei. Der kam, wenn es brenzlig wurde, zur Verstär-
kung auf die Straße und unterstützte uns demonstrativ und
wenn nötig gar mit lautstarken Argumenten und deutlichen
Gesten. Irgendwann wurde an der Haltestelle ein Schild aufgestellt: „Fußballspielen verboten – Der Bürgermeister". Da
waren wir stolz, dass unser Ruhm bereits bis ganz nach
oben durchgedrungen war. Zu dieser Zeit spielten wir allerdings schon gar nicht mehr dort. Als wir noch zur Grund-
schule gingen, oder besser gesagt mit dem Bus gefahren
wurden, war dies unsere Haltestelle. Manchmal blieben wir
nach der Schule direkt an Ort und Stelle und gingen erst gar
nicht nach Hause. Sonst trafen wir uns spätestens nach den
Hausaufgaben wieder, um für den Rest des Nachmittages
den Ball in das Betonhäuschen zu trümmern.

Fußbälle, also richtige Lederbälle, waren ein kostbarer Besitz. Hilko und Frank, die in der Straße wohnten, besaßen
meistens einen. Die Bälle wurden gespielt, bis die Nähte
platzten und die Blase herausquoll. Dann mussten irgendwelche Mütter oder große Schwestern die wieder zusammen-
flicken, indem zum Beispiel auf abenteuerliche Weise
Lederstückchen mit dicker Kordel eingenäht wurden. Eine
solche Flickenpille, die zwar eierte und unkontrolliert flog,
war immer noch ein Schatz, denn ohne konnte schließlich
gar nicht gespielt werden. Wer den Ball besaß, bestimmte,
ab wann, wo und für wie lange gespielt wurde, wer wählen
und überhaupt mitmachen durfte.

Am Ende der Straße wohnte eine Familie, die so viele Kinder
hatte, dass keiner von uns genau wusste, wie viele es tatsächlich waren. Zudem änderte sich die Anzahl laufend.
„Wie die Orgelpfeifen", sagte meine Mutter. Nach unserer
Überzeugung – und nach dem, was man aus der Schule so
mitbekam – waren alle strubbeldumm! Auch die Eltern hielten wir für geistig minderbemittelt. Man erzählte sich, dass
man die sehr dürre Mutter im benachbarten REWE-Lädchen
auf ihre flache beziehungsweise nicht vorhandene Oberweite
angesprochen hätte. Man hatte ihr glaubhaft versichert,
dass es helfen würde, sich den Busen mit Zwiebeln

einzureiben. Tags drauf soll die Frau angeblich einen Sack Zwiebeln in dem Lädchen gekauft haben – zumindest wurde das erzählt.

Ein paar dieser Kinder tauchten ab und zu bei uns auf und guckten uns beim Fußballspielen zu. Einmal hatten die sich offenbar in den Kopf gesetzt, mitspielen zu wollen. Aber das war völlig ausgeschlossen! Die gehörten nicht zu uns, außerdem waren Mädchen dabei, und wir wollten keinesfalls Rücksicht nehmen müssen. Natürlich lehnten wir ab. Sie sollten abhauen! Doch die gaben keine Ruhe, wollten sich einfach nicht verziehen und nervten immer weiter! Bis Hilko den Ball nahm und voll abzog. Die Flümm klatschte der Großen genau ins Gesicht. Ruhe. Das Mädchen verzog keine Miene. Nachdem sie den Einschlag nachträglich realisiert hatte, drehte sie sich erst wortlos um und rannte dann schreiend nach Hause. Die anderen neben ihr her. Wir mussten lachen: „Volltreffer!", „Mitten in die Fresse!", „Hast du das Gesicht gesehen?", „Echt stark, aber ehrlich!", „Die kommen bestimmt nicht wieder!" Und ja, so war's!

Im Turnverein waren wir offiziell zum Turnen. Tatsächlich war die Zeit, wo man brav Kastensprünge, Handstände oder Riesenfelgen versuchte, lange vorbei. Ich war Übungsleiter geworden, weil es sonst keinen gab, der die Gruppe in unserem Alter hätte weiter trainieren können. Die beiden, die uns halbstarke Jungs mit viel Können angeleitet hatten, gingen jetzt studieren und standen als Trainer nicht länger zur Verfügung. Da ich der Ambitionierteste von uns verbliebenen war, ergab es sich, dass man mich für geeignet hielt, die Gruppe weiterzuführen. Dass man mir, selber noch lange nicht volljährig, die Aufsicht und Verantwortung über die Gleichaltrigen zutraute, war nicht die beste Idee gewesen, wie sich noch herausstellen sollte.

Zu Beginn lief immerhin alles nach Plan. Ich mimte den Vorturner und gab mir alle Mühe, meinen Freunden etwas beizubringen. Wie üblich wurde am Ende der Turnstunde zehn Minuten Fußball auf zwei kleine Kästen gespielt. Hohe Bälle waren wegen der ungeschützten Deckenlampen tabu, es wurde halt nur ein bisschen herumgeklickert. Aus den zehn Minuten wurden schnell dreißig Minuten. Und weil eigentlich keiner von uns mehr so richtig Lust auf die Turnerei hatte, wurde aus der halben eine ganze Stunde, und schlussendlich wurde nur noch Fußball gespielt. Um den

Schein zu wahren, veranstalteten wir so lange, wie sich die Gruppe vor uns noch in der Umkleide aufhielt, irgendwelche Gymnastikübungen. Spätestens wenn außer uns keiner mehr in Reichweite war, wurde die Hallentüre abgeschlossen und der Ball ausgepackt.

Manchmal konnten wir es gar nicht abwarten, bis wir endlich loslegen konnten. Dann haben wir einfach schon in der Umkleidekabine losgebolzt. Ein Ball flog einmal – nach einer genialen Vorlage volley genommen – wie ein Geschoss quer durch die Kabine, weiter durch die offene Tür in den angrenzenden Duschraum und prallte dort ganz hinten voller Wucht gegen einen der Spiegel über einem Waschbecken. Es wäre zu erwarten gewesen, dass dieser brutale Ball den Spiegel hätte zertrümmern müssen. Gebannt reckten wir unsere Köpfe durch die Tür in den Duschraum. Der Spiegel war ganz. Schwein gehabt! Doch was war das? Er kippte! Der Ball hatte den Spiegel aus seiner Verankerung gehoben, woraufhin sich dieser zunächst ganz langsam wie in Zeitlupe, schließlich immer schneller werdend von der Wand neigte. Wir hielten die Luft an. Und dann krachte er auf das darunter befindliche Waschbecken und zerbarst in tausend Stücke.

Der Halle erging es mit uns auch nicht besser. Die kleinen Tor-Kästen, vor denen man unmöglich sinnvoll einen Torhüter postieren konnte, mussten den Slalomstangen weichen, die jetzt die Torpfosten markierten. Diese in Metalltellern steckenden Holzstangen waren ihrer Bestimmung nach nicht als Torpfosten geeignet. Es konnte nämlich passieren, wenn ein hart geschossener Ball die Stange genau in der Mitte traf, dass diese zerbrach. Am oberen Ende getroffen knallte die Stange krachend auf den Boden oder löste sich gar aus dem Teller und flatschte gegen die Wand. Diese Behandlung überlebten die meisten nicht. Am Ende unserer Fußballkarriere waren von den Slalomstangen nur die leeren Metallteller übrig.

Und wenn jetzt die Halle auch deutlich dunkler war, so lag das daran, dass wir etliche der Neonröhren von der Decke geschossen hatten. Die zerknallten bei einem Treffer in hunderttausend kleinste Glassplitter, die wie glitzernder Konfettiregen von oben auf uns herabfielen.

Auch für mutwillige Schweinereien blieb ausreichend Zeit.

Da gab es den Trick mit dem gefüllten Zahnputzbecher auf dem leicht angelehnten Türblatt. Öffnete man die präparierte Tür, fiel das Gefäß hinunter, und man erschreckte sich; und wenn alles optimal lief, wurde man nass. In meinem pubertären Übermut probierte ich diesen Trick beim Verlassen der Turnhalle mit der Tür zum Duschraum aus. Allerdings nicht mit einem Zahnputzbecher – den gab es hier nicht –, sondern mit einem Mülleimer. Ich fand, dass dieses Behältnis eine altersentsprechende Größe besaß. Der Mülleimer war zwar schon mit einigem Unrat gefüllt, aber es passten noch gut ein paar Liter Wasser dazu. Vorsichtig tarierte ich den Schmodderwassereimer auf der angelehnten Türe aus. Er hatte einen sicheren Stand, bis jemand die Türe aufdrücken würde. Dann würde der Eimer durch die sich öffnende Tür kippen und unweigerlich der in den Raum hineintretenden Person seinen unappetitlichen, nassen Inhalt übergießen. Diese Freude würde sicher am nächsten Morgen einem Schüler der Hauptschule widerfahren, zu der die Turnhalle gehörte.

Von der Hauptschule bekamen wir ein paar Tage später (mit dem kleinen Umweg über den Vorstand des Turnvereins) die Nachricht, dass unsere Aktion ein voller Erfolg gewesen sei, wenngleich es, wie ich bedauernd feststellen musste – warum auch immer –, keinen Schüler, sondern eine Putzfrau erwischt hatte. Man wollte jetzt wissen, wer dafür verantwortlich zeichnete. Natürlich war es keiner gewesen, niemand hatte etwas gesehen, gehört oder wusste gar von solch schändlichen Taten.

Winterliebe

Es schneite. Gleich würde ich nach Hause gehen können. Es war bereits dunkel. Viele dicke Flocken schwebten lautlos an den Fenstern vorbei. Der Schnee blieb liegen. Die Welt verwandelte sich langsam und unaufhaltsam in eine Märchenlandschaft. Endlich Schluss. Ich verabschiedete mich und machte mich auf den Heimweg. Welch ein Zauber! Die Dunkelheit war freundlich erhellt. Die staubige Luft durch unzählige feuchte Flocken frisch gefiltert. Die Straßenlaternen und das durch die Fenster der Wohnungen dringende Licht gaben der Kulisse eine unwirkliche Atmosphäre. Der fiktive Beleuchter hatte einen Hauch von sachtem Grün perfekt mit zart orangefarbenem Licht kombiniert. Die Geräusche meiner Schritte waren geheimnisvoll gedämpft, die Stadt mit ihrem Verkehrslärm weiter denn je in die Ferne gerückt. Der Schnee knarzte sacht unter meinen Schuhen. Ich ging unberührte Wege. Keine Autospuren, keine Fußspuren, außer den meinen, die ich hinter mir ließ. Ich fühlte alles Glück dieser Erde. Ich war verliebt in diesen magischen Moment, in die plötzliche Reinheit der Welt und in einen imaginären Menschen, der auf mich zukam und dessen Gesicht mit seinen dunklen, geheimnisvollen Augen, einer wehenden Haarsträhne und einem verstohlenen Lächeln unter einer Kapuze herauslugte.

Also gut, die tatsächliche Personifikation dieser Sehnsucht wäre vielleicht des Glücks zu viel gewesen. Aber den Zauber des Augenblicks konnte ich als Kind ungefiltert wahrnehmen und bis in den Seelengrund in mich hineinlassen. In Erinnerung an solche Momente funktionieren Filme wie „Drei Nüsse für Aschenbrödel" bis heute, ohne das Empfinden von Kitsch oder Scham, weil sie die märchenhafte Stimmung von Winterliebe (im doppelten Wortsinne) so meisterhaft inszenieren.

Räumkommando

Nicht jedes Mal löste der Anblick von Schnee eine so übersinnliche Romantik in mir aus. Wenn es schneite, ging es die meiste Zeit mehr darum, den Schnee zu erleben und Spaß zu haben. Dazu gehörte, Schneeflocken mit dem Mund aus der Luft zu schnappen, Schneeeis zu essen oder barfuß im Schnee herumzulaufen. Schnee als gestaltbares Element musste angefasst und zu Schneebällen, Iglus oder Schneemännern geformt werden. Wir fuhren Schlitten, und zwar die steilsten Abhänge samt Sprungschanzen bis über die querenden Straßen hinab – die Autofahrer mussten halt auf uns aufpassen. Schlittentage gingen in der Regel erst zu Ende, wenn ich vor Kälte die Finger nicht mehr bewegen konnte. Wir seiften uns ein, steckten uns Schnee in den Nacken oder lösten Baumlawinen aus, wenn jemand unter einem schneebeladenen Ast herging. Wir warfen Schneebälle gegen Fensterscheiben, stopften Schnee in Briefkästen oder Auspuffrohre, legten gefährliche Eisbahnen an, und klar machten wir Schneeballschlachten. Die waren allerdings nicht immer lustig. Spätestens dann, wenn man einen hart geworfenen Ball an den Kopf bekam, war der Spaß vorbei. So einer kam wie ein Faustschlag. Besonders übel, wenn man ein solches Geschoss nicht kommen sah und entsprechend unvorbereitet war.

Einmal ging nach Ende der Posaunenchorprobe eine wilde Schlacht los. Wie von selbst hatten sich auf den beiden Seiten der Straße zwei Parteien gebildet. Viele Größere waren mit dabei, und die harten Bälle flogen uns nur so um die Ohren. Es war bereits dunkel, wir suchten Deckung hinter Autos und hinter der Mauer des Treppenaufgangs zum Vereinshaus und warfen, was das weiße Zeug hergab. Es ging durchaus ernst zur Sache, denn obwohl Jüngere dabei waren, wie ich zum Beispiel, wurde doch keine Rücksicht genommen. Immer volle Pulle!

Ein Räumfahrzeug, das sich den Weg von unten kommend durch die Kampfzone bahnte, sorgte für eine willkommene Friedenspause, das heißt, hätte für eine solche sorgen können. Ich war gerade im Kampfesrausch, hatte zwei, drei Bälle auf Vorrat und gar keine Geduld zu warten, bis das Friedensmobil vorbei war. Außerdem gab das Gefährt ein gutes Übungsziel ab. Warum also nicht einen der fetten Bälle auf das Räumfahrzeug abfeuern? Der Ball könnte das Seitenfenster treffen und den Fahrer vortrefflich in Verzückung versetzen. Durch die absehbare Pause konnte ich mich einen kurzen Moment lang auf den Wurf vorbereiten. Den Ball noch härter zusammengedrückt, das Ziel sicher anvisiert, die Ausführung optimal – so flog der Ball aus der Dunkelheit heraus in Richtung des Streufahrzeugs. Die Flugbahn war perfekt, ich sah, dass der Schneeball sein Ziel treffen würde, und freute mich!

Und der Ball traf! Den Fahrer! Der Ball donnerte in die Kabine des Räumfahrzeuges und zerbarst dort, halb am Körper, halb an der Rückseite der Kabinenwand, wie eine explodierende Silvesterrakete aus Schnee. Oh – Mist! Wie konnte das jetzt passiert sein? Ich hatte doch ... uuuh, jetzt sah ich es – das Seitenfenster war heruntergekurbelt gewesen! Anstatt die Fensterscheibe zu treffen, war der Ball direkt in die offene Kabine durchgeschossen und hatte dort seine Wirkung entfaltet.

Das Fahrzeug hielt an und blieb mit laufendem Motor

stehen. Der Fahrer tobte: „Was ist das für eine Sauerei!" –
„Wir fahren hier Sonderschichten, damit ihr sicher unter-
wegs seid!" – „So eine Unverschämtheit!" – und natürlich:
„Wer war das?"

Zum Glück war es dunkel gewesen und im Dickicht der Ge-
mengelage konnte keiner der Beteiligten genau gesehen haben, woher der Ball gekommen war. Außerdem waren alle
irgendwie durch den Schneeräumer abgelenkt gewesen. Allerdings kam nur unsere Straßenseite für diese Tat infrage,
denn der Ball konnte ja schlecht um die Kurve geflogen oder
als Abpraller von der Hauswand zurückgekommen sein.
Aber auf meiner Seite standen schlicht zu viele, um jemanden verantwortlich machen zu können. So blieben nur Ach-
selzucken und betretene Blicke. Das Räumkommando fuhr
ohne einen Schuldigen empört weiter.

Große und noch größere Schneekugeln

Mit sieben Jahren hatte ich angefangen, ein Blasinstrument
zu lernen. Vom Anderstädter CVJM bekam ich ein rundes
Flügelhorn gestellt. Ich freute mich über das matt glänzende
Instrument wie ein Pirat über seinen gerade erbeuteten
Goldschatz. Einmal die Woche bekam ich Unterricht bei einem älteren grundgütigen Menschen mit einer engelsglei-
chen Geduld. Ich ging gerne dorthin, ohne bewusst
wahrzunehmen, dass es die Art und Weise war, mit der ich
unterrichtet wurde. Kein Leistungsdruck, viel Geduld, nicht
zu lange, die Fortschritte würdigend und immer das richtige
Maß an neuer Herausforderung. „Kartoffelsupp', Kartoffelsupp', die ganze Woch' Kartoffelsupp'. Sonntags Fleisch", so
ging das erste Lied. Es waren nur zwei Töne im Wechsel.
Klasse! Nach der ersten Stunde konnte ich ein ganzes Lied
spielen! Irgendwann war ich so weit, dass ich im Posaunenchor mitspielen durfte. Zuerst in der zweiten Stimme, als ich
älter und besser wurde, in der ersten.

Nach einer Probe war ich zusammen mit Holger auf dem
Heimweg. Es regnete, und der viele Schnee war gerade dabei, sich in einen seifigen Matsch zu verwandeln. Wir erreichten die steile Kaiserstraße, die wir längere Zeit nicht
passieren konnten, weil sich die Autos die glatte Straße
hoch- sowie entsprechend vorsichtig hinunterquälten.

Es war wieder einer der Momente, wo Vernunft und Übermut miteinander rangen. Einmal mehr würde der Übermut siegen. Vielleicht lag es daran, dass ich gerade eine eineinhalbstündige, bewegungsarme, laute Probe hinter mir hatte? Vielleicht war es der Ärger über den Regen, der den Schnee wegfraß? Vielleicht war es die Dunkelheit? Die Warterei an der Straße? Ich musste irgendwie Dampf ablassen. Was bot sich mehr an, als den dicken nassen Schneeball, den ich beim Warten an der Straße geformt hatte, auf irgendjemanden oder irgendetwas abzufeuern? Ein letztes Auto kam von oben her den Berg herunter. Das war für die glatte Straße ziemlich zügig unterwegs. Als es genau auf meiner Höhe war, warf ich. Mit einem dumpfen Aufprall zermatschte die schwere Schneekugel auf dem Auto. Vollbremsung! Die Räder blockierten und das Auto schlidderte die glatte Straße hinab. Nichts wie weg! Wir rannten. Den Trompetenkoffer und die Notentasche in der einen, den Regenschirm in der anderen Hand. Und wir lachen. Aber mehr rannten wir. Über die Straße, immer weiter den Eichelweg entlang. Das kleine Wäldchen unterhalb unserer Bushaltestelle kam langsam in Reichweite. Hier könnten wir Schutz und Deckung finden. Wir ahnten, dass die Vollbremsung erfolgt war, weil der Fahrer versuchen würde, uns zu erwischen. Und ja – nach einer kurzen Verschnaufpause und einem schnellen Blick zurück sahen wir zwei Scheinwerfer, die im Dunkeln in den Eichelweg hineinleuchteten. Das Auto beschleunigte. Wir auch. Als der Wagen auf Höhe des kleinen Wäldchens ankam, hatte ich es gerade hinter einen dicken Baum geschafft. Den noch geöffneten Schirm und das Gepäck hielt ich so vor meinen Körper, dass die Utensilien hoffentlich auch vom Baumstamm verdeckt würden. Doch wo war Holger? Zuletzt war er hinter mir gewesen. Das Auto hielt. Türen gingen. Und dann waren Stimmen zu hören. Im Plätschern des Regens auf die Blätter der Bäume über mir konnte ich nicht genau verstehen, was gesprochen wurde. Ich hörte Holger fragmenthaft beteuern, dass er nicht geworfen hätte und dass ich abgehauen sei. Er rief mich. Seine Rufe klangen ernst. Aber ich war ja nicht so blöd, meine Deckung aufzugeben. „Komm raus, wir kriegen dich sowieso!", tönte es von der Straße. Natürlich blieb ich, wo ich war. Nur bangte ich, dass mich der sperrige Schirm hinter dem Baum verraten würde. Ich rührte mich keinen Millimeter und versuchte, meinen noch schnellen Atem unter Kontrolle zu bringen. Fast flehentlich rief mich Holger. Er hatte wohl Angst, an meiner Stelle vermöbelt zu werden. Ich hielt die Klappe. Woher sollten die anderen wissen, wo ich war? Auch Holger wusste es offenbar nicht. Genauso gut hätte ich das Wäldchen längst hinter mir gelassen haben können. Genau! Ich war ja eigentlich schon längst weg! Irgendwann glaubten das wohl auch die beiden Typen aus dem Auto und zischten ab.

Hui, das war gerade noch mal gut gegangen. Holger versicherte mir später, dass die beiden einen überzeugenden Auftritt hingelegt und mir mit großer Sicherheit, wenn sie mich denn gefasst hätten, wohl ordentlich ein paar reingehauen hätten.

Eine andere Aktion war weniger brenzlig für mich, da die Tat anonym blieb. Wer sollte schon wissen, woher die vielen großen Schneekugeln kamen, die da plötzlich auf der Straße lagen? Im Dunkeln waren weiße Kugeln auf weißem Untergrund kaum auszumachen. Und dann kamen die Autos die Straße runter und trafen auf die dicken Eumeln, die mitten auf der Fahrbahn postiert waren. Wenn einer die Hindernisse bemerkt hatte, war es zum Bremsen zu spät. Die Straße war schneeglatt und echt steil. Unvermeidbar machte es „poff". Einmal machte es auch „krack". Das war der Frontspoiler, der abbrach, in hohem Bogen durch die Luft schleuderte und hochkant in einem Schneeberg am Straßenrand stecken blieb. Ich, als „zufälliger Passant" auf dem Bürgersteig, schmunzelte vergnügt.

Rushhour

Es war beständig unter null Grad. Seit Tagen schneite es. Viele Nebenstraßen hatten eine geschlossene Schneedecke, die durch die darüberfahrenden Autos stellenweise spiegelglatt geworden waren. Wir hatten Schule. Gymnasium, Oberstufe. Die meisten Lehrer parkten am Rand des Schulhofes. Dort gab es eine Zufahrtsstraße, die durch einige dicke Natursteine zum Schulhof hin abgegrenzt war. Dort entlang standen ordentlich hintereinander eingeparkt die Autos der Lehrer auf der vereisten Fahrbahn. Eine der vielen planmäßigen oder noch häufigeren eigenmächtigen Freistunden führte – gepaart mit Langeweile, Rachegelüsten und Spaß am Chaos – zu dem Versuch, den roten BMW des

Lehrers Seybold auf dem glatten Untergrund zu verschieben. Es klappte! Mit zwei Leuten angepackt, ließ sich das Auto spielend leicht bewegen. Es fand seinen neuen Platz direkt an der Stoßstange des Vordermanns! Der Hintermann rückte daraufhin an die hintere Stoßstange heran. Und durch das Verschieben zur Seite hin kam die Fahrertüre dicht an einem der dicken Steine zum Stehen, was zusätzlich das Einsteigen unmöglich machte. Fantastisch! Das Auto war völlig eingeparkt! Nach drei Seiten kein Millimeter Bewegungsfreiheit mehr! Der olle Seybold würde jetzt nicht wegkommen! Dieser Geniestreich sprach sich schnell herum und inspirierte zu viel größeren Taten. Da standen noch viele Autos! Und die setzten sich nun alle wie von Geisterhand in Bewegung und fanden sich nur wenig später so miteinander kreuz und quer über die ganze Straße verkeilt wieder, dass die Lehrer am Ende des Schultages (und wirklich Pech, wenn einer früher Schluss hatte) ein großes Schiebepuzzle zu lösen hatten, bevor sie ans Nachhausefahren auch nur denken konnten. Das Parkfeld glich einer Aufgabenkarte des Denkspiels „Rushhour", bei dem das gewünschte Fahrzeug erst ausgeparkt werden kann, wenn alle anderen durch möglichst geschicktes Rangieren Platz gemacht haben. Schade, dass es an dem Tag nicht taute, dann wäre das Schieben gar nicht möglich gewesen und das Entkeilen noch um einiges interessanter geworden. Aber auch so hatten wir eine Menge Spaß. Als die ersten Lehrer versuchten, in ihr Auto zu gelangen und es irgendwie aus dem Verschiebebahnhof herauszupuzzeln, saßen wir in der Cafeteria gegenüber und schauten dem lustigen Treiben amüsiert zu.

VW Käfer

So, wie junge Gänseküken auf die Geräusche und Konturen ihrer Mutter geprägt werden, war ich auf unseren VW Käfer geprägt. Meine Mama war ein 1302 S, orange-rot, 50 PS, unveränderliches Kennzeichen: UK TC 21. Sie hatte tolle Kurven, war äußerst zuverlässig und roch immer ganz wunderbar nach Benzin. Ihr Vierzylinder Boxer-Motor hatte einen so herrlich hypnotisierenden Klang, dass ich mich bei ihr immer ganz und gar geborgen fühlte. Sie war mein großes Ideal, mein Vorbild. Ich wollte so werden wie sie. Und ich fing an, ihr nachzueifern, indem ich die Motorgeräusche nachahmte. Beim Spielen mit Matchbox-Autos, beim Fahren mit meinem Tret-Traktor und manchmal, wenn ich nur in meiner Fantasie mit ihr unterwegs war. Wo ich war, wurde gebrummt. Anhand der Geräuschdynamik konnten aufmerksame Zuhörer ziemlich gut erkennen, mit welcher Drehzahl, Geschwindigkeit und in welchem Gang ich gerade fuhr, wann und wie gekuppelt, geschaltet und gebremst wurde.

Dass ich überdies beim Spielen im Freien auch der originalen Lautstärke des Käfer-Motors nacheiferte, nahmen irgendwelche Nachbarn zum Anlass, sich bei meinen Eltern darüber zu beschweren. Ich würde immer so laute Brummgeräusche machen. Meiner Mutter war das offenbar unangenehm. Sie erzählte es mir, vermutlich in der Hoffnung, dass ich daraufhin mein lärmbelästigendes Verhalten ändern würde. Aber weit gefehlt. Für eine solch dreiste Beschwerde hatte ich nicht das geringste Verständnis! Wie konnte man es wagen, sich darüber zu monieren, dass ein Kind selbstvergessen spielte? Ich beschwerte mich ja auch nicht, wenn Erwachsene arbeiteten oder die Dingte taten, die Erwachsene eben so tun. Spielen betrachtete ich als mein legitimes Recht. Und ich wollte spielen, wie ich es wollte. Einfach unverschämt, solche Nachbarn! Natürlich ließ ich mich nicht einschüchtern. Und so habe ich in den vielen Stunden auf oder mit allen möglichen Verkehrsmitteln weiterhin die dazu notwendigen Geräusche generiert.

Manchmal fragte ich meinen Vater nach dem Autoschlüssel. Damit ging ich in die Garage, öffnete das Auto und setzte mich hinein. Ich steckte den Schlüssel in das Zündschloss, entsperrte das Lenkradschloss und machte die Zündung an. Dann konnte ich die Kontrollanzeigen am Armaturenbrett beobachten, mit dem Lenkrad die Räder bewegen, blinken, hupen und alles andere ausprobieren, was sich in Bewegung setzen ließ. In meiner Vorstellung fuhr ich durch die Gegend, obwohl ich kaum richtig über das Lenkrad gucken konnte.

In Wirklichkeit war das Auto ein Superkäfer wie „DUDU". Damit war ich in der Lage, zu schwimmen, zu fliegen, die steilsten Abhänge hinaufzufahren und mich gegen Angreifer zu verteidigen. Wenn ich groß wäre, würde ich mir genau so einen Käfer bauen. Die Zeichnungen dazu hatte ich bereits angefertigt. Der Wagen hatte dicke Reifen, vor allem hinten, er war tiefergelegt, besaß Front- und Heckspoiler, Stoßstangen mit dicken Federn (um schadlos irgendwo gegenfahren zu können, wenn es sein musste), einen Porsche-Motor und allerlei Gimmicks wie Scheibenwaschdüsen, die man seitlich drehen und damit die Fußgänger nass spritzen konnte.

Ich wusste, wenn ich den Schlüssel weiter herumdrehen würde, dass der Motor startete. Ob ich das mal ausprobieren sollte? Ich fasste den Schlüssel an. Einfach ein Stückchen weiterdrehen. Dann würde der Motor anspringen. Ein laufender Motor würde ja nicht automatisch bedeuten, dass das Auto losfuhr. Nur anmachen und ein bisschen laufen lassen. Und ich könnte jederzeit den Schlüssel wieder zurückdrehen. Mein Herz klopfte. Gleich würde ich zum ersten Mal in meinem Leben einen richtigen Motor starten. Noch ein wenig zögerte ich. So ganz sicher war ich nicht, ob ich alles richtig machte und ob wirklich nichts passieren würde. Immerhin kontrollierte ich, ob die Handbremse richtig fest war. Und schließlich drehte ich den Schlüssel. Der Käfer machte einen heftigen Satz nach vorne in Richtung der Garagenwand. Ich erschrak. Warum das? Was hatte ich falsch gemacht? Der Motor lief nicht. Aber das Auto war nach vorne gehopst. Hm, das konnte ich mir nicht erklären. Wenn meine Eltern das machten, sprang der Motor an und lief. Außerdem fuhr das Auto nicht einfach los!

Mein Vater klärte mich auf, dass ich entweder die Kupplung hätte treten oder den Gang hätte auslegen müssen. Ich sollte es aber nicht noch einmal ausprobieren, befand er. Was ich gemacht hätte, sei gefährlich gewesen. Ich hätte das Auto tatsächlich in Bewegung setzen und im schlimmsten Falle nicht mehr stoppen können.

Pfingstausflug

Ich war 16 und konnte kaum abwarten, endlich den Führerschein zu machen. Warum lebte ich nicht in den USA? Da ging das in meinem Alter. Ich wollte endlich Auto fahren!

An Pfingsten hatten meine Eltern einen Ausflug geplant. Es war nicht mehr die Zeit, wo man auf solche Ausflüge mitfuhr. Aber ich gab vor, schon einmal das Garagentor öffnen zu wollen, damit alles vorbereitet wäre. Also nahm ich mir den Schlüsselbund. Meine Eltern ahnten möglicherweise, dass Gefahr im Verzug war, denn es gab einen mahnenden Hinweis. Und ja – ich hatte vor, den grünen VW Polo aus der Garage herauszufahren.

Dieses Unterfangen war nicht ohne Herausforderung, denn das Auto musste rückwärts aus der schmalen Garage heraus. Außerdem war die Schillerstraße stark abschüssig und man konnte den Wagen nicht einfach so geradeaus zurücksetzen. Um hinauszukommen, musste man praktisch das Lenkrad exponentiell einschlagen, also zuerst gar nicht, dann nur sacht, dann immer stärker und zuletzt bis zum Anschlag. Sonst touchierte man entweder seitlich das Garagentor oder das niedrige Mäuerchen an der Einfahrt. Oder man kam nicht herum und endete mit den Hinterrädern am Bordstein der gegenüberliegenden Straßenseite und blockierte die Straße. All das wusste ich und hatte deswegen den Ablauf mental genau durchgespielt. Das Kuppeln war mir in der Theorie auch klar, nur praktische Erfahrung fehlte mir noch. Aber das würde schon gehen, und nichts ist ohne Risiko, dachte ich. Ich ließ einen meiner Geschwister darauf achten, dass die Straße frei war, startete den Motor, legte den Rückwärtsgang ein, löste die Handbremse, und dann fuhr ich das Auto aus der engen Garage quer über die Straße und kam perfekt in Fahrtrichtung zum Stehen. Astrein! Ich hatte es drauf! Das jahrelange Rangierenüben mit diversen Kinderfahrzeugen hatte sich offenbar gelohnt!

Ich triumphierte über den Erfolg meiner ersten eigenständigen Fahrt mit einem Auto! Ich war so voller Endorphine und Selbstbewusstsein, dass ich es nicht bei diesem einen kleinen Erfolg belassen wollte. Ich könnte das Auto schon drehen und passend vor der Haustüre abstellen, damit meine Eltern bequem einsteigen könnten! Ja, das war die Idee. Ich musste ja nur etwa 50 Meter die Straße hinunter, unten in der Einmündung einen großen Bogen fahren und könnte danach dieselbe Strecke wieder hoch und an der richtigen Straßenseite, genau auf Höhe der Haustüre, stehen bleiben. Yippie – ich fuhr mit dem Auto die Straße hinunter! Wie geplant lenkte ich den großen Bogen und schon ging es die steile Straße wieder hinauf. Auf Höhe der Haustüre standen meine Eltern mit entsetzten Gesichtern. Hier wollte ich anhalten. Aber wie ich meine Eltern dort so fassungslos stehen sah, bekam ich Lust, noch einen draufzusetzen. Ich zog durch und brauste grinsend an ihnen vorbei! Das war der

Wahnsinn! Ich fuhr Auto! Endlich! Und wie klasse das war! Ich fuhr die Straße immer weiter und fühlte mich als „King of the Road". Ich fuhr bis zum Ende, bog an der großen Kreuzung rechts ab, rollte den Mühlenweg hinunter bis auf die Bertolt-Brecht-Straße, von dort weiter bis zur Karl-Bramkamp-Straße und bog dort am Ende wieder in die steile Schillerstraße ein. Da ich immer nur rechts abbog, ersparte ich mir die zusätzlichen Gefahren des Linksabbiegens und hatte überdies immer Vorfahrt.

Nun war ich fast zurück. Meine Eltern standen noch immer voller Entrüstung an der Haustüre. Als ich mich näherte, ging mein Vater die Stufen hinunter zum Bürgersteig. Bestimmt wollte er jetzt das Auto übernehmen. Aber er musste warten. Ich fuhr eine zweite Runde. Erst dann dachte ich, dass es nun gut wäre. Und die Kupplung dachte das wohl auch, denn die Anfahrversuche am steilen Berg waren mit einem deutlich erhöhten Kupplungsverschleiß einhergegangen, was überaus merklich am Geruch festzustellen gewesen war.

Während meine Eltern erst mit einiger Verspätung ihren Pfingstausflug antraten, hatte ich den meinen bereits erlebnisreich und mit großem Vergnügen hinter mir.

Tretfahrzeuge

In Zeiten, in denen ich noch nicht motorisiert unterwegs war, ermöglichte die steile Schillerstraße immerhin rasante Abfahrten mit dem Roller, dem Fahrrad, mit Rollschuhen oder ganz am Anfang mit meinem Tret-Traktor. Richtig zur Sache ging es, wenn meine kleine Schwester im Anhänger Platz nahm und wir zu zweit voll Stoff die Straße runterheizten. Eine Bremse hatte das Gefährt nicht. Die Pedale besaßen keinen Freilauf, was zwar bei langsamen Geschwindigkeiten ermöglichte, das Tempo mit den Füßen zu steuern. Aber wenn ich rollen ließ, drehten die Pedale so schnell, dass es gefährlich war, dort mit den Füßen dranzukommen. Es hätte einem glatt die Schuhe weggefetzt. Wir ließen einfach rollen, und dort, wo es wieder etwas flacher wurde, konnte man mit den Schuhen auf dem Asphalt bremsen. Entsprechend sahen die Schuhe aus. Verschleißbedingt mussten oft neue gekauft werden, noch bevor die Füße den alten entwachsen waren. Und meine

Mutter musste tausend Tode sterben, wenn sie uns beide mit dem Spielzeuggespann so den Abhang hinunterdonnern sah. Ja, die Autos. Die waren prinzipiell eine Gefahr. Aber entweder waren die beim Einbiegen in die Schillerstraße recht langsam – es ging ja steil um die Kurve –, oder aber sie fuhren geradeaus, und dann ergab sich eine etwas größere Reaktionszeit für beide Verkehrsteilnehmer. Die Autos, die von hinten kamen, sahen uns ohnehin früh genug. Also kalkulierte ich, dass es immer gut gehen müsste, wenn ich mit meiner Schwester im Gespann ohne Bremsen die Straße hinabraste. Es war ein toller Spaß!

Mit dem Kettcar funktionierten die tollkühnen Fahrten noch besser, weil schneller! Hiermit schaffte ich es sogar bis um die Kurve in die Karl-Bramkamp-Straße hinein. Dabei versuchte ich jedes Mal bei der Fahrt um die Kurve noch ein Stückchen weiter auszurollen und einen neuen Längenrekord aufzustellen. Entsprechend rasant driftete ich um die Kurve. Für den Fall der Fälle hatte das Kettcar immerhin eine Bremse, die mit der Hand betätigt wurde. Aber eingesetzt habe ich sie nicht, es sei denn, es ließ sich gar nicht vermeiden.

Einmal erwartete wohl ein in der Karl-Bramkamp-Straße hinter mir herfahrendes Auto, dass ich nach rechts an den Rand fahren und anhalten würde. Jedenfalls versuchte mir der Fahrer durch lautstarkes Hupen signalisieren zu wollen, dass er an mir vorbeiwollte. Ich verstand ihn allerdings so, dass ich ihm zu langsam wäre, und trampelte einfach ein bisschen schneller. Dass ich bremste, zur Seite fuhr und ihn vorbeiließ, war ohnehin ausgeschlossen. Und so sah meine Mutter vom Balkon aus den kleinen Henning auf seinem Kettcar mitten auf der Straße fahren mit einem hinter ihm herkriechenden und hupenden Auto.

Fremdgegangen

Einmal realisierte ich, als ich in einem völlig unbekannten Auto bei fremden Leuten saß, dass irgendetwas falsch gelaufen sein musste.

Ich besuchte regelmäßig sonntags den Kindergottesdienst. Am Ende gab es ein Blättchen zum Mitnehmen – „Der Jugendfreund". Die Alltagsgeschichten und biblischen Erzählungen in dem Faltblatt interessierten mich weniger. Die hätte ich lesen müssen, das war mir zu anstrengend, und dazu hatte ich keine Lust – zumal ich ja in der Kinderstunde gerade erst Geschichten erzählt bekommen hatte. Nein – einzig die letzte Seite mit Suchbildern, Rätseln und Witzen war interessant. Manchmal so sehr, dass ich mich bereits auf dem Rückweg vom Kindergottesdienst dort festfraß und unbedingt alle sechs Hasen im Wimmelbild finden wollte. Derart in das Blättchen vertieft, lief ich hinter meiner Schwester her. Ich folgte ihr, als sie an der Kirche vorbei nach vorne zur Straße ging. Ich folgte ihr – die Augen immer fest auf das Rätsel gerichtet –, als sie das Kirchengelände durch eines der großen Tore verließ. Ich folgte ihr über die Straße und auch, als sie ins Auto einstieg. Das Blättchen hatte ich immer noch vor meiner Nase. Ein bisschen wunderte ich mich unbewusst, dass das Auto, in das sie einstieg, ein beigefarbener Opel Kadett war (so viel hatte ich hinter dem Blättchen wahrnehmen können). Viel dachte ich mir nicht dabei, denn meine Schwester wüsste ja, in welches Auto sie einstieg. Es konnte sein, dass es die Eltern ihrer Freundin waren, die uns mitnehmen würden. Erst als ich auf der Rückbank nicht sofort einen Sitzplatz fand, weil das Auto bereits voll war, realisierte ich, dass ich gar nicht hinter meiner Schwester hergelaufen war, sondern einem völlig anderen Mädchen gefolgt war, das ich überhaupt nicht kannte! Oh – wie – peinlich! Fragende Augen starrten mich an. Wie sollte ich das denn bloß erklären? Der Mann hinter dem Steuer hatte sich verwundert nach hinten umgedreht und fragte mich freundlich, was ich wollte und ob er mir helfen könnte. Ob sie mich mitnehmen sollten, wollte er wissen. Er könnte mich gerne nach Hause bringen, gab er an. Oh nein, was sollte ich sagen? Ich konnte kaum zugeben, was mich veranlasst hatte, in dieses Auto zu steigen! Äußerlich unbeeindruckt antwortete ich: „Äh, nein, vielen Dank, ich wollte nur mal Guten Tag sagen!" Und dann gab ich ihm freundlich die Hand, sagte „Guten Tag" und verschwand.

Mercedes Benz

Mein erstes eigenes Auto musste auf Biegen und Brechen ein Mercedes werden. Ich fand einen in der SUCH & FIND inseriert, TÜV neu, für 1700 Mark. Ich kaufte ihn. Die Ikone W115/8, quietschgelb. Diesel, 55 PS. Der Motor war eine

Frechheit für das 1,5 Tonnen schwere Gefährt. Anlaufnehmen vor Steigungen war eine pflichtige Disziplin. Überholen? Höchstens Schubkarren oder Kinderwagen. Aber das war letztlich egal, ich fuhr Mercedes! Ehrlicherweise war der Stern das Beste an dem Auto, das in Wirklichkeit eine katastrophale Gammelkarre war. Ich lag mindestens so oft unter dem Auto, wie ich drinnen saß. Dennoch – wenn das Auto fuhr und ausnahmsweise einmal nichts an Betriebsstoffen verlor, machte es Spaß, hinter dem Steuer eines echten Mercedes Benz zu sitzen. Ein erhabenes Gefühl!

Manchmal träume ich noch heute von dem Auto – von einem solchen Auto –, allerdings rostfrei, gepflegt und funktionierend. Die echten Träume von meinem damaligen Auto sind indes zumeist Albträume, was mehr der Wirklichkeit entsprach. In solchen ist immer irgendetwas an der Karre kaputt, sodass ich nicht weiterfahren kann.

Wolframs Eltern hatten zwei Auffahrrampen, die ich mir lieh, um unter dem Auto arbeiten zu können. Hier gab es immer irgendwelche Dinge, die getan werden mussten, zum Beispiel Löcher zuspachteln, Kraftstoffleitungen erneuern, Bremsbeläge wechseln, Ölwanne abdichten, Auspuff flicken … Das Hochfahren auf die Rampen in der engen Garage war immer ein Problem. Die schwere Karre vor- oder gar rückwärts auf die Böcke zu fahren, kostete Nerven. Bei dem Diesel-Dickschiff ging das nur mit ordentlich Schwung, also Vollgas! Aber wehe, wenn ich nicht schnell genug und genau im richtigen Moment abbremsen würde! Dann würde das Auto über die Rampen schießen und – nein, besser nicht ausmalen. Also, jedes Mal: Nervenkitzel! Eigentlich lieh ich mir im Schnitt jedes zweite Wochenende die Rampen von Wolframs Vater. Irgendwann meinte der, ich solle sie einfach behalten, solange ich das Auto besitze.

Nach der Reparatur der Ventildeckeldichtung machte ich eine Probefahrt. Leider hatte ich die Schrauben des Ventildeckels zu fest angezogen, was zur Folge gehabt hatte, dass die neue Dichtung von der unteren Kante des Deckels durchtrennt worden war. Ich merkte es daran, dass ich während der Probefahrt massig Öl verlor und auf der regennassen Fahrbahn schillernde Regenbögen hinterließ.

Bei den ständigen Arbeiten am Motor vergaß ich einmal, den Öldeckel wieder richtig aufzusetzen. Das war der Tag, an dem die Feuerwehr die bunte Ölspur von der Stadt kommend bis vor meine Haustüre abstreuen musste. Und auch die defekte Kraftstoffleitung verursachte manches Mal eine üble Umweltsauerei.

Einmal fuhren wir mit dem alten Benz zur Hochzeit meiner Schwester bis nach Bayern. Bekannte von uns, die den Weg nicht kannten, fuhren hinter uns her. Die mussten die stundenlange Fahrt über die schwarzen Wolken von dichtem Dieselruß ertragen, die wir verbreiteten. Und dann hatten wir auch noch einen Unfall auf der Autobahn. Auf spiegelglatter Fahrbahn kamen wir ins Schleudern, fuhren eine Runde Karussell und prallten vorne wie hinten gegen die Mittelleitplanke. Die Kofferraumhaube war verdellt, die Stoßstangen eingeknickt, die Motorhaube im vorderen Bereich nach oben aufgeworfen, ein Kotflügel verbeult und ein Scheinwerfer zerborsten. Zum Glück war der Kühler ganz geblieben, weshalb das Auto immerhin noch aus eigener Kraft fahren konnte. Außerdem hatte uns der Benz gut geschützt, denn wir blieben sämtlich ohne Verletzungen. Wir rollten von der Autobahn ab und überlegten, was jetzt zu tun sei. Den Wagen in eine Werkstatt schleppen zu lassen, lohnte nicht. Die Kosten des frühmorgendlichen Abschleppens würden praktisch schon den Wert des Autos übersteigen – von der Reparatur ganz abgesehen. Und wie sollten wir zur Hochzeitsfeier gelangen? Und wohin mit all dem Gepäck, das wir für die Übernachtungen mitgenommen hatten? Und dann waren ja auch noch die Bekannten, die mit uns unterwegs waren, deren Auto aber voll war. Eigentlich gab es nur eine sinnvolle Lösung: Wir mussten weiterfahren! Das war mit eingeschränkter Sicht durch die hochstehende Motorhaube und den einen noch verbliebenen Scheinwerfer nicht ganz so heiter, aber es funktionierte! Wir hatten zwar die berechtigte Sorge, dass, wenn uns die Polizei entdeckte, wir sofort aus dem Verkehr gezogen würden. Letztendlich hatten wir aber keine Wahl und mussten das Risiko eingehen. Und so fuhren wir mit dem zerbeulten Schrotthaufen ungesehen bis nach Bayern und zurück. Wieder zu Hause angekommen hatte ich für die nächsten Wochen mit meinem legendären /8er-Benz einen erweiterten Reparaturspaß.

Mit meinem gelben Benz wurde ich einmal nachts angehalten. Nicht von der Polizei, sondern von zwei Männern, die mich vom Straßenrand aus zu sich hin winkten. Ich dachte, dass da vielleicht jemand Hilfe brauchte. Ich kurbelte das Fenster runter. „Sind Sie noch frei?", fragte mich der eine. Ich lachte. „Tut mir leid", gab ich zur Antwort, „ich bin kein Taxi!"

Music Was My First Love

Wir waren eine musikalische Familie, und ich war mit Musik groß geworden. Mein Opa spielte Geige, meine Mutter Klavier und Zither, mein Vater Posaune und Gitarre, meine Schwestern Flöte und Klavier. Ich fing mit Flügelhorn an, später kamen Gitarre und E-Bass dazu. Als Kind hatte ich ständig Zugriff auf alle möglichen Instrumente. Und ich sang Lieder, die mir spontan inspiriert einfielen, meistens lautstark und immer dann, wenn ich schlafen sollte.

In der Zeit, wo mir die klassischen Instrumente zu altbacken und öde vorkamen, versuchte ich, meine musikalische Welt ein wenig moderner zu gestalten. Da nahm ich zum Beispiel die alte Wandergitarre meines Vaters und malte sie rot an. Das sah direkt viel poppiger aus und erinnerte ein wenig mehr an das, was man im Fernsehen an zeitgemäßer Musik manchmal zu sehen bekam. Oh, wie haben sich meine Eltern aufgeregt! Wie könnte ich nur!? Die Antwort war einfach – in Rot gefiel sie mir viel besser!

Mit 14 standen die Zeichen auf Bandgründung. Da es bereits zwei Gitarristen gab und beide besser waren als ich, sollte ich Bass spielen. Im Anderstädter Musikgeschäft kaufte ich mir für 250 Mark einen alten Höfner E-Bass von 1965. Damals, in den frühen 80ern, war das „Boutique"-Teil von Vorgestern und einfach nur ein unmodernes und wenig überzeugend klingendes Instrument. Heute wäre der Bass als Sammlerstück – wenn ich ihn denn im Originalzustand gelassen hätte – mindestens das Fünffache wert.

Für einen Verstärker hatte ich lange Zeit kein Geld. Deshalb nutzte ich ein altes Röhrenradio, das ich zu Hause in der Abstellkammer fand. Das klang zwar ganz gut, war aber für unsere Zwecke als Rockband zu leise. Das Nächste, was ich ausprobierte, war das Verstärkermodul aus der alten Stereoanlage meiner großen Schwester. Das baute ich aus und verdrahtete es so, dass ich den Bass dort einstecken konnte. Leider waren die Boxen der Anlage schnell überfordert und kaputtgespielt. Irgendwann müsste wohl doch ein richtiger Verstärker her. Bis dahin stöpselten wir uns alle über ein von mir selbst gebautes Mischpult – das eine Ansammlung von zusammengelöteten Klinkenbuchsen in einem Holzbrett war – in den einzig vorhandenen Gitarrenverstärker ein und machten den so laut, wie es nur ging. Wir probten bei Andreas zu Hause. Seine Eltern fuhren dann immer zum Einkaufen, um dem Krach zu entfliehen.

Als wir später als Schulband im Gymnasium probten, gab es für die nachmittags noch anwesenden Personen keine Möglichkeit, unseren bis zur Endstufensättigung aufgedrehten Marshall-Amps zu entkommen. Da half aus Sicht des Hausmeisters nur, uns den Strom abzustellen, was uns jedes Mal während unserer ekstatischen Rockorgien tierisch abfuckte. Als Entschädigung annektierte unser Drummer Eugen eines der teuren Zildjian-Becken des Schulschlagzeuges. Er war ohnehin davon überzeugt, dass niemand außer ihm etwas mit einem solchen Becken anzufangen wüsste. Für die Schule wäre es die totale Verschwendung.

Das Gymnasium war definitiv nicht der richtige Probenort. Durch meine guten Beziehungen zur örtlichen Kirchengemeinde bekamen wir die Erlaubnis, im neuen Gemeindehaus zu proben. Wir durften einen der Gruppenräume im Keller nutzen. Der zugewiesene Raum aber war ein echter Betonbunker mit nackten Wänden und ohne irgendwas drin. Alleine das Schlagzeug war in dem halligen Raum schon unerträglich laut, da brauchten wir die Verstärker erst gar nicht einzuschalten. Also beschlossen wir, im großen Saal zu proben. Der hatte eine hohe Decke, schallschluckende Vorhänge und einen dunklen Holzboden. Die Akustik war fantastisch, fast wie im Aufnahmeraum eines großen Tonstudios. Und hier gab es Tische, Stühle und eine Bar.

Nachteil bei diesem wunderbesten Proberaum allerdings war, dass wir nichts stehen lassen konnten. Jedes Mal mussten wir alles dorthin transportieren, aufbauen, später wieder abbauen. Eugen hatte einen großen flachen Beckenkoffer aus Holz, in dem er seine Schlagzeugbecken transportierte. Die konnten im Koffer auf einen Dorn in der Mitte übereinandergestapelt werden, wodurch sie für den Transport sicher fixiert waren. Der Dorn war von außen mit einer dicken Schraube befestigt. Der Koffer lag leer auf dem

Boden. Eugen nahm Anlauf und sprang ab. Er landete bäuchlings auf den Beckenkoffer und schlidderte wie auf einem Surfbrett einige Meter über den dunklen Parkettboden des großen Saals. Die Schraube des Koffers fräste dabei eine tiefe Furche in das teure Parkett. Oh mein Gott! Das sah echt übel aus!

Was jetzt? Beichten? Wir würden rausfliegen! Nach nur kurzer Überlegung entschieden wir uns für die Variante „Vertuschen"! Die Schneise musste unsichtbar gemacht werden. Und genau für diesen Zweck erwies sich ein dicker brauner Wachsmalstift aus dem Kindergottesdienstraum als denkbar gut geeignet. Wir vermalten den halben Stift in dem Krater, wodurch der – zumindest auf den ersten Blick – beinahe unsichtbar wurde. Es reichte, damit niemand sofort den Schaden entdeckte und uns verdächtigen konnte.

Ritterturnier

Ich half beim Anderstädter Bläserkreis aus. Der hatte neuerdings ein Engagement bei einem Veranstalter von Ritterturnieren. Je ein halbes Dutzend Bläser sollten für das musikalisch authentische Ambiente bei den ritterlichen Schaukämpfen und dem mittelalterlichen Treiben sorgen. Dazu hüllte man sich in alberne Strumpfhosen, Lederstiefel sowie selbst genähte Gewänder und spielte alte Fanfarensignale und mittelalterliche Bläserstücke auf. Dass die meisten Stücke gar nicht aus dem Mittelalter stammten, sondern aus viel späteren Epochen, schien niemanden zu stören oder einfach niemand zu bemerken. Eine Melodie stammte sogar aus Monty Pythons „Ritter der Kokosnuss".

Wir waren auf dem Weg nach Breburg. Zwei Tage Schauspiel mit Übernachtung. Das hieß für jeden von uns 200 Mark plus frei essen und trinken. Wir fuhren zu sechst im alten T2-Bulli der drei Lehmann-Brüder mit Höchstgeschwindigkeit über die Autobahn – 114 km/h. Wir tranken Bier. Die Stimmung war bestens.

Bereits längere Zeit fuhr ein Motorrad mit uns immer wieder auf gleicher Höhe. Im Schneckenrennen überholten mal wir, mal überholte es uns. Nach etlichen Minuten mehr oder weniger gemeinsamer Fahrt musste man den Eindruck gewinnen, dass wir zusammengehörten. Dem Motorradfahrer war natürlich nicht verborgen geblieben, dass es bei uns im Bulli gar lustig zuging. Wieder einmal auf gleicher Höhe prosteten wir ihm mit unseren Bierbüchsen zu. Einer von uns bot dem Motorradfahrer scherzhaft eine Dose an, indem er diese ans Fenster hielt und ihn per Geste dazu einlud, sich an unserem Besäufnis zu beteiligen. Zu unserer aller vergnüglichen Verblüffung nahm er eine Hand vom Lenker und winkte zu sich hin, was so viel heißen sollte wie: „Na, gib schon rüber, das Bier!" Und so öffnete sich in voller Autobahnfahrt die Schiebetür des Bullis. Eine Hand mit einer Bierdose ragte heraus. Die Hand des Motorradfahrers griff danach, und eine Dose Bier wechselte auf Höhe des Mittelstreifens ihren Besitzer.

Die Stimmung blieb das ganze Wochenende über ausgelassen. Während der Vorführungen standen wir auf einer Art überdachten Empore, von wo aus wir die Fanfaren bliesen. Unser nächster Einsatz. Die beiden zu Rittern ausstaffierten Stuntmen würden jeden Moment mit den langen Holzlanzen aufeinander zureiten. Bis kurz vor unserem Einsatz hatten wir noch herumgealbert. Jetzt die Fanfaren. Gemeinsam ansetzen. Luftholen. Der erste Fanfarenbläser hob das Instrument kurz an, um den Einsatz zu geben. Genau in diesem Moment machte ich eine weitere blöde Bemerkung. Wir prusteten vor Lachen in die Mundstücke. Keiner konnte mehr einen Ton spielen. Außer dem Ersten, der blies jetzt alleine – und das trotz eines breiten Grinsens auch auf seinen Lippen.

Brillenblindfisch

Bereits in jungen Jahren fiel auf, dass ich schlecht sah. In der Schule hielt ich meine Bücher und Texte immer direkt vor die Nase. Da ich im Posaunenchor den mit meinem Nachbarn gemeinsam genutzten Notenständer ebenfalls immer direkt vor mein Gesicht schob, meinte dieser irgendwann entnervt: Lass dir eine Brille verschreiben! Meine Eltern gingen mit mir zum Augenarzt, da war ich neun. Dr. Röttgen in Anderstadt verordnete mir eine Brille. Mit dieser sollte alles besser werden. Wurde es aber nicht. Der Notenständer sowie die Bücher befanden sich immer noch dicht vor meinem Gesicht, und ich spielte und las auswendig oder mogelte mich anderswie durch. Auch in meinen weiteren

Lebensjahren bekam ich Brillen von eben jenem Augenarzt verschrieben, mit denen ich eigentlich nicht viel besser sah als ohne. Ich dachte: „Es geht halt nicht besser." Die Brille ließ ich irgendwann weg. Später trug ich sie nur beim Autofahren. Alle Sehtests hatte ich irgendwie bestanden – warum auch immer.

Im Alter von 20 Jahren saß ich als Student in einer Mathematik-Vorlesung, bei der das Skript über einen Tageslichtprojektor an die Leinwand geworfen wurde. Die Vorlesung war eine der wichtigeren, sodass man dranbleiben wollte. Alle neben und hinter mir schrieben fleißig mit – nur ich konnte keine einzige Zahl erkennen! Das war für mich der Punkt, noch einmal neu über meine Augen nachzudenken. So beschloss ich, den Augenarzt zu wechseln und nach Niedenbeck zu gehen. Dort gab es einen Arzt, der einen guten Ruf besaß, und ich holte mir einen Termin. Die mir von diesem Augenarzt verschriebenen Gläser waren allerdings so falsch und so schlecht, dass ich überhaupt nichts mehr sah – also noch schlechter als ohne Brille!

Nun ging ich in meinem Studienort zu einem Optiker. Dort wurde mir erstmals gesagt, dass ich wahrscheinlich eine Korrektur von weit jenseits der -2,5 bräuchte, die mir all die Jahre von Augenärzten diagnostiziert wurden. Dazu wären auch zylindrische Werte und auch Achswerte zu korrigieren, von denen ich bis dato noch gar nichts gehört hatte!

Der Optiker wollte das nicht verantworten und schickte mich damals zum Augenarzt Dr. Bulgur am Hauptbahnhof. Da bekam ich im Alter von 20 Jahren meine erste taugliche Brille verordnet! Der Arzt meinte auf meine Äußerungen bezüglich meines Leidensweges nur lapidar „Die haben sich wohl nicht an die hohen Zylinder herangewagt …"

Von da an begann ich, die Welt neu zu entdecken! Ich war 20! Und so scharf hatte ich noch nie gesehen! Ein Wunder, dass ich bis dahin überlebt hatte! Ich habe mich immer gewundert, dass ich im Dunkeln kaum die Straßen beziehungsweise die Schilder erkennen konnte. Ich hatte doch eine Brille auf! Hin und wieder hatte ich auch tatsächlich mal ein Zäunchen oder andere Kleinigkeiten übersehen – größere Dinge zum Glück nicht, sonst wäre dieses Buch wahrscheinlich nie entstanden.

Sprachlabor

Oh je, nicht schon wieder ins Sprachlabor! Man hätte uns mal fragen sollen, was wir davon hielten. Dann hätte man sich diese Investitionsruine ersparen können. Brachte nichts und war vermutlich sündhaft teuer gewesen. Wie sollte man Englisch lernen, wenn man überhaupt nicht miteinander ins Gespräch kam? Die anderen Methoden meiner damaligen Englischlehrerin in der Unterstufe waren ebenfalls völlig ungeeignet, Motivation und Sprache zu fördern. Wir schrieben englische Texte ab. Jede verdammte Stunde, auch als Hausaufgabe. Und wenn einem auch nur ein Fehler beim Abschreiben unterlief – ein einziger –, dann strich die Lehrerin den gesamten geschriebenen Text von oben bis unten durch, und man musste alles noch mal abschreiben! Komplett! Und das so oft, bis auch kein i-Punkt mehr fehlte. Den Rekord hielt die arme Anette mit zwölf Abschriften! Auch ich war ab und zu mit zwei bis drei dabei. Die einzige Aufgabe der Lehrerin bestand darin, während der Stunde herumzugehen und nacheinander die angefangenen Texte auf Fehler zu kontrollieren. Außerdem hatte sie Mundgeruch. Der reine Horror!

Und jetzt wieder Sprachlabor. Okay, wenigstens nicht abschreiben, dachte ich. Aber hier waren wir nicht weniger bevormundet, denn der eigene Anteil am Unterricht bestand darin, den über ein Headset vom Tonband abgespielten Monologen zu folgen, sie im günstigsten Falle zu verstehen und in den eingebauten Lücken Sätze nachzusprechen, Aussagen zu wiederholen oder Fragen zu beantworten. Das war totaler Bockmist! Die Lehrerin konnte sich nach Belieben jeden Schüler anhören, dessen Äußerungen aufzeichnen, analysieren, vorspielen und uns über ihr Mikrofon entweder persönlich oder für alle hörbar direkt ins Ohr plaudern. Einfach grausam. Wer will schon seine Lehrerin – diese Lehrerin – bei eklatanter Unterschreitung der zumutbaren Distanzschwelle direkt in sein Ohr säuseln hören? Volle Misshandlung, echt!

Ich hasste es, besonders an diesem Tag, wo wir bereits seit etlichen Minuten mit einer neuen Lektion gequält wurden. Und ich sollte brav in den didaktischen Lücken antworten?! Nicht heute, nicht ich! Ich konnte meine Aversion nicht zügeln. Ich musste etwas tun! Aber was, wenn man an das Headset gefesselt, beobachtet, belauscht wird und nicht einmal weghören kann? In den Sprechlücken gab ich dann die notwendigen Antworten ins Mikrofon, die meiner Aggression Erleichterung versprachen, wie: „Ey – was laberst du?", „Ich türkisches Arbeiter, ich nix wissen Englisch, nix versteh'n!" oder „Achmet andere Baustelle – nix von hier!" Außerdem fabrizierte ich meine besten Pups- und Rülpsgeräusche, die das Mikrofon herrlich zum Übersteuern brachten.

Und dann musste ich doch wieder abschreiben – und zwar nicht zu knapp! Die Genugtuung bestand indes darin, dass die Lehrerin, die meinen kreativen Audiobeitrag aufgezeichnet hatte, diesen der Klasse vorspielte. Meine Mitschüler haben sich kaputtgelacht! Eins a Comedybeitrag, fanden alle. Ich hatte die geistlose Stunde gerettet, wenngleich auf Kosten weiterer sinnfreier Abschreibübungen.

Ausgeburten schulischer Langeweile

Die moderne Unterrichtsforschung spricht unter anderem von „kognitiver Aktivierung", wenn es darum geht, einen lernwirksamen Unterricht zu beschreiben. Wenn es danach ging, hatten wir genau den meistens nicht. Wir wussten damals bereits genau, was die Abwesenheit dieses Merkmals bedeutete: Langeweile!

Mit Langeweile kannten wir uns aus. Und besonders damit, wie man mit ihr umzugehen hatte. Ich denke, die meisten wissen das aus ihrer Schulzeit. Wer kennt es nicht, dass die Abbildungen historischer Figuren in den Schulbüchern zu Aliens oder Monstern umgestaltet werden, dass sich Ansichten von Städten oder Regionen zu Kriegsschauplätzen mit Soldaten, Panzern und Bombern wandeln oder dass die Texte mit sinnlosen Mustern (die am treffendsten den Geisteszustand beschrieben) oder einfallslosen Girlanden verziert wurden. Anhand der Menge solcher mehr oder weniger kunstvollen Ergänzungen in den Büchern konnte ich am Ende des Schuljahres den Erfolg eines Unterrichtsfaches besser ablesen als an der Zeugnisnote. Demnach waren in vielen Jahren Englisch, Latein und Geschichte die Fächer, deren Lehrkräfte die Unterrichtszeit am wenigsten effizient nutzten. Die Bücher dieser Fächer waren am Ende immerhin die interessantesten.

In Latein ging es oftmals so langweilig zu, dass das kreative Gestalten des Buches sich bereits nach kürzester Zeit erschöpfte. Zur Güte des Unterrichts trug sicher nicht bei, wenn der Lehrer das Klassenzimmer betrat, sich ans Pult fläzte und in die Runde fragte: „O, jo Leude, habt ihr Lust? Also ich net!" In solchen Stunden war deutlich mehr Beschäftigungskreativität gefragt.

Einmal hatte ich eine Apfelsine dabei. Ich schälte sie während des Unterrichts. Klaus-Peter auf der gegenüberliegenden Klassenseite hatte es gesehen und deutete mir an, dass er gerne ein Stück abhaben würde. Ich wartete einen günstigen Moment ab und warf die geschälte Apfelsine als direkten Pass – wie beim Handball trainiert – über die Köpfe der Mitschüler hinweg zu Klaus-Peter. Der fing mit einer Hand! Wir lachten verstohlen, weil der Pass und die Annahme vorbildlich gelungen waren. Er zerteilte die Apfelsine und nahm sich ein Stück. Die eine der verbliebenen Hälften flog nur einen Moment später zurück zu mir. Animiert durch das erfolgreiche Treiben wollten nun auch andere ein Stück abbekommen. So begannen fliegende Apfelsinenstücke den Lateinunterricht aufzuwerten. Es endete damit, dass einzelne Stücke, die ihren Empfänger verfehlten, an die Fensterscheibe klatschten, an die hintere Wand des Klassenzimmers oder ins Genick von Mitschülern. Alles unter der Maßgabe, es so geschickt zu tun, dass es der Lehrer nicht mitbekam. Das war echte kognitive Aktivierung!

Die Tische, an denen ich saß, bekamen mit der Zirkelspitze Löcher verpasst, und ich spielte mit einer Tintenpatronenkugel und dem Geodreieck Minigolf oder mit dem Sitznachbarn Tintenpatronenkugelfußball. Ein Tisch hatte bereits ein durchgehendes Loch durch die komplette Platte hindurch. Knastähnliche Langeweile musste es also auch vor meiner Zeit bereits gegeben haben.

Einmal zündete ich einen Silvesterkracher im Unterricht. Ich warf ihn unter die Heizung. Bei dem Knall schreckten alle kurzzeitig aus ihrem Unterrichtsschlaf. Dem Lehrer wollte ich glaubhaft machen, dass mutmaßlich irgendetwas mit der Heizung nicht stimmte. Ich denke aber, er wusste, was vorgefallen war. Die Aufklärung dieses Sachverhaltes hätte ihn aber zu viel Energie gekostet, und er begnügte sich mit dieser offensichtlich an den Haaren herbeigezogenen Erklärung.

Ein schönes Unterfangen war das Abfackeln von Gitarrenplektren während des Unterrichts. Als Musiker hatte ich immer welche dabei. Manche davon bestanden aus Zelluloid. Die waren extrem leicht entzündlich, schnell verbrennend, die Flamme hellorange mit dichtem, schwarzem Rauch. Es roch nur wenig und hinterließ kaum Rückstände. Ideal, um im rechten Augenblick, unbemerkt vor den Augen des Lehrers, für ein kurzes Feuerwerk zu sorgen, wenn schon der Unterricht nichts an geistigen Erleuchtungen produzierte. Einmal verbrannte ich ein Plektrum unter dem Loch der Tischplatte. Da qualmte es dort oben heraus wie aus einem Kamin.

Lieben, leben, lachen ...

... und trotzdem Abi machen! Das war unser Motto. Unser Abi-Gag war genial. Anders als heute war es noch ein echter Gag. Also etwas mit einer schrecklich schönen Überraschung! Wir kauften Dickmann's Schokoküsse direkt im Werk. 2000 Stück. Dazu 10 000 lose Waffeln, die normalerweise den Boden des Schokokusses bilden. Einen Schulschlüssel hatten wir uns organisiert. Und dann drapierten wir in einem gemeinsamen nächtlichen Einsatz das komplette Treppenhaus des Gymnasiums, drei Stockwerke, jede einzelne Stufe, jeden Absatz, von ganz oben bis ganz unten, mit mehreren Tausend Waffeln und Schokoküssen! Der Haupteingang der Schule wurde mit einer dicken Kette und einem Vorhängeschloss gesichert – schließlich wollten wir allen anderen ein paar Freistunden bescheren. Unser Plan war, nach einer Ansage und einer kleinen Fete auf dem Schulhof die Schüler erst nach der ersten Pause geordnet in das Gebäude zu lassen, damit diese sich auf dem versüßten Weg in ihr Klassenzimmer die Schokoküsse einverleiben könnten. „Lebensmittel sind zum Essen da!", hatten wir vorsorglich über die Eingangstüre geschrieben. Doch einer der Hausmeister sah sich genötigt, die stählerne Kette am Eingang mit einem Bolzenschneider zu knacken. Darauf schien er regelrecht stolz zu sein. Dabei hätte er vielleicht einen Schritt weiterdenken sollen, denn die Aktion hatte unbeabsichtigte Folgen. Die Schüler stürmten unkontrolliert ins Gebäude und – nun ja – es begann eine aberwitzige Schlacht. Die klebrigen Schokoküsse klatschten überallhin, an Wände, Fenster, Türen, Vitrinen. Das ging so lange, bis das Schulpersonal, nicht ohne selber in die Schusslinie zu geraten, alle Schüler wieder hektisch nach draußen beorderte. Am Ende waren auch auf diese Weise die Freistunden bis zur Pause besiegelt, denn so lange dauerte es, bis die Lehrkräfte Tausende von klebrigen Schokoküssen wieder in eilig herbeigeholte Kartons und Tüten eingesammelt hatten. Die Treppengeländer klebten noch Wochen später.

Erlebnispädagogik

Manchmal wundert es mich selbst, dass ich erfolgreich sozialisiert und ein überwiegend vernunftbegabter Mensch wurde. Ein afrikanisches Sprichwort besagt, dass es ein ganzes Dorf braucht, um ein Kind zu erziehen. In diesem Sinne hatten tatsächlich viele Menschen einen wirklich guten Einfluss auf mich – allerdings weniger durch „Erziehung" im allgemeinen Verständnis, als schlicht durch eine liebevolle Zugewandtheit, die ich für nachahmenswert hielt. Ironie des Schicksals, Bestimmung oder logische Konsequenz? Ich wurde Pädagoge!

Die erlebnispädagogische Ausrichtung war mir auf dem Hintergrund der eigenen Biografie ein besonderes Anliegen. Deshalb gab es Abenteuerfilme im Unterricht, Unternehmungen mit Klettern, Schnitzen, Feuermachen, Bogenschießen, Segeln, Kampfsport, Mutproben, Musicals mit echten Schwertkämpfen, Zirkuswochen, Schnitzeljagden, Ringkämpfe, Nachtwanderungen und alles andere, was Kinder unbedingt einmal erlebt haben sollten!

Nach etlichen Jahren traf ich in einem Bus eine Gruppe ehemaliger Schüler. Wir kamen ins Gespräch. Sie erklärten übereinstimmend, dass sie sich an meinen Unterricht überhaupt nicht mehr erinnern könnten. Das Einzige, was sie noch wüssten, wäre, dass sie jeden Morgen vor dem Unterricht im ersten Schuljahr das Ballerspiel „Xenon 2" am Klassencomputer gespielt hätten ...

Mission completed!